一个人最好的修养，是说话有分寸

王庆泽 / 编著

民主与建设出版社
· 北京 ·

图书在版编目（CIP）数据

一个人最好的修养，是说话有分寸 / 王庆泽编著. 北京 ： 民主与建设出版社， 2025. 4. -- ISBN 978-7-5139-4902-6

Ⅰ. C912.13-49

中国国家版本馆 CIP 数据核字第 2025FA2411 号

一个人最好的修养，是说话有分寸

YIGE REN ZUIHAO DE XIUYANG，SHI SHUOHUA YOU FENCUN

编　　著　王庆泽
责任编辑　史俊南
封面设计　于　芳
出版发行　民主与建设出版社有限责任公司
电　　话　（010）59417749　59419778
社　　址　北京市朝阳区宏泰东街远洋万和南区伍号公馆 4 层
邮　　编　100102
印　　刷　三河市宏顺兴印刷有限公司
版　　次　2025 年 4 月第 1 版
印　　次　2025 年 6 月第 1 次印刷
开　　本　880 毫米 ×1230 毫米　1/32
印　　张　8
字　　数　210 千字
书　　号　ISBN 978-7-5139-4902-6
定　　价　49.80 元

注：如有印、装质量问题，请与出版社联系。

前言

说话是每一个正常人对外沟通与交流的重要途径，它能够传递想法、表达思想、获取信息，帮助我们在为人处世中建立良好的人际关系。不难发现，一些成功、优秀人士，通常具备良好的表达素养，他们知道在不同场合或面对不同的人，该怎样说话或如何说话。

有人却没有认识到说话的重要性，认为自己在事业、生活及交际上处处不顺心是运气不好造成的。此认知极具片面性与偏激性，没有真正认识到问题的根源所在。除个人的性格特征、心理素质、文化素质、道德品质等基本条件外，一个人能否成功，与对外交流有着重要的关系。也就是说，在与人交流时，是否会说话、是否具备精准表达的能力，是决定成功与否的重要因素。

何为会说话？何为精准表达？就是拿捏好说话的分寸，把话说到对方的心坎儿里。该含蓄表达时，不口无遮拦、直言不讳；该发表观点时，直击痛点、精准到位；该侃侃而谈时，口吐莲花、游刃有余；该表达想法时，既不绝对，也不犹豫不决……总之，把话说得好，更要说得妙，既不伤和气又不伤自己。如此这般，才算说话有分寸。稍加留意，我们便可以发现，那些有修养的人，总是把说话的分寸拿捏得恰到好处，换言之，懂得说话分寸的人，都具有良好的个人修养。这就提醒我们，想提高自己的修养，必须做到说话有分寸，而出口伤人或让对方听着不舒服，且不说无法建立和谐的人际关系，至少会给人留下一种没素质的不良印象。

说话有分寸是人际交往中的一门重要艺术，掌握不好说话的分寸，在当今社会将寸步难行。本书从说话条理、如何互动、博弈策略、定位落点、说话禁忌等九个方面，系统、深入地阐述说话的分寸，让读者真正认识到说话有分寸的重要性和优越性。书中语言流畅自然，案例真实生动，实用性强，易于掌握，是每一位想成为说话高手的读者的贴心读本，会让读者在潜移默化中提升表达能力，成为受欢迎的人。

阅读的价值在于获取知识，弥补自身的短板和不足；懂得说话的分寸，便拥有处理人情世故的本领。我们有理由相信，通过阅读本书，您在表达方面将会有一个质的飞跃，与过去那个口无遮拦的自己判若两人。当会说话、懂得如何表达时，您无论是在工作、生活还是人际交往中都将变得得心应手，等同于为梦想插上双翼，成功将不再遥不可及，这也是本书的价值所在。

目录

第一章

条理：好好说话，人情通达在于精准表达

能否把话说得恰到好处，与一个人的语言基本功密切相关。基本功不到位，也就很难把握好表达的分寸，说出的话让听者难以理解。要想精准表达内心想法，必须练好基本功，这样才能在与人交流时，做到清晰明了、准确无误。

语言越通俗易懂，表达的效果就越好

为什么简单而朴素的事物往往更能打动人心？因为它们真实而真诚，没有任何掩饰。语言的魅力也正体现于此，交流中最有效的语言往往是最简洁、最直接的，过于华丽的辞藻反而会让人觉得难以接受，甚至给人一种距离感。正如老子所说："信言不美，美言不信。"这就意味着过于精美的语言往往缺乏真实性，反而令人难以信服。

陶然一路过关斩将，在众多应聘者中脱颖而出，进了一家上市公司。试用期间，他业务能力强，人缘好。三个月的试用期到了，大家本以为他能顺利成为公司的一员，但让所有人没想到的是，陶然竟然没有通过试用期，遗憾地离开了公司。

对于公司的举措，许多员工迷惑不解，私下里议论纷纷，对陶然的离开感到惋惜。针对这个问题，公司领导在开晨会时做出了解释。领导说："不否认陶然是个优秀人才，公司经过慎重考虑，最终没录用他，主要原因是他自身存在一些问题。"

领导这么说，员工们更加迷惑了，大家面面相觑，找不出原因。其中一位员工实在憋不住了，便说："他真的挺好的，我不知道问题出在哪儿。"

领导微微一笑，说："我说出来，你们就都明白了。"员工们把目光全都聚焦到领导身上，期待他揭开谜底。

领导说："当我们与他交流时，他的表达是不是有些问题？"

员工们几乎异口同声，说："挺正常的呀，没觉得有什么问题……"

领导说："难道你们没有发现，他说话时经常使用一些文言词语吗？尤其是‘之、乎、者、也’等虚词用得特别频繁，不仅如此，他还喜欢堆砌辞藻。一句简单明了的话，从他口中说出来，就变得复杂了许多。”

员工们听领导这么一说，才恍然大悟，纷纷举出例子，证明陶然说话的确像领导说的那样。这时，又有员工说：“他出口喜欢用文言词语，说明他的文言文功底好；喜欢堆砌辞藻，说明他文采好。这怎么成了不录用他的理由了呢？”

领导接过话头，说：“现代社会是一个竞争的时代，我们在保证说话质量的前提下，语言越通俗易懂，人们越容易接受。如果在表达内心的想法时，使用费解、拖拉、烦冗的语言，对方就难以听下去，从而影响沟通效果……陶然就是这样的人，所以公司没有录用他。”

正如这位领导所言，要想在竞争中生存下去，效率至关重要。通俗易懂的话，可以在短时间内让对方明白我们的想法，自然也就提高了办事效率。

那么，在为人处世中，向他人表达自己的内心所想时，该怎样把握好通俗易懂的分寸呢？有以下几点建议：

1. 平时说话，尽量使用口头语

在与朋友或熟人交谈时，如果过多使用书面语，往往会让对方觉得你在故意矫揉造作，从而产生隔阂，甚至影响双方的交流热情。因此，在日常沟通中，采用口语表达是更加自然和合适的选择。

口语的最大优势就在于它的简洁和直接。与书面语相比，口语表达通常不会使用过于复杂的长句或倒装句，句子结构也更简单明了。此外，口语中的词汇更贴近日常生活，更多的是大家耳熟能详的词汇，而不是专门的术语或学术用语。由于口语表达较为直白，听者能够迅速理解并跟上话题的进展，避免了语言上的误解或沟通障碍。

2. 正式场合发言，用熟语为语言添彩

在日常交流中，口语表达有时会逐渐演变成一些固定的表达方式，这些固定的口语往往充满智慧，能够简洁、有效地传递深刻的含义。这样的表达通常被称为“熟语”，包括成语、谚语、惯用语和歇后语等。这些简短而有力的表达方式不仅能让语言更加生动有趣，还能增强言辞的力量，使交流更具感染力和表现力。

（1）成语。成语是经过长时间使用和人们不断提炼的固定词组，精练而富有表现力。在口语中适当地使用成语，可以让语言更加准确、有力。例如，“画蛇添足”表示做了多余的事，非但无益，而且不合适的意思。成语具有强大的总结功能和深刻的文化背景，因此，成语在日常对话中往往能够帮助我们更精准地表达思想。

（2）谚语。谚语往往是人们通过长期生活经验总结出的智慧，它们在形式上通常简洁平衡，句式工整、音调和谐。例如，“行百里者半九十”告诫人们做事情不能掉以轻心，要持之以恒；“百闻不如一见”则告诉我们，实际体验比听到的言论更为重要。谚语不仅传达了丰富的生活哲理，也能在交流中增添趣味和深度。

（3）惯用语。惯用语是日常语言中常用的固定表达，简短且富有表现力。这类短语通常通俗易懂，易于让人产生共鸣。例如，“开绿灯”意味着为某事提供便利，“不管三七二十一”则用来表示某人不关心后果或盲目行动。惯用语常常带有一定的幽默感和生活气息，因此，适当使用惯用语能够让语言更加生动和有趣，增强与对方的沟通互动。

（4）歇后语。歇后语是一种双关型的口语表达，由两部分组成：前半部分通常是比喻或形象的描述，后半部分则是表达的核心意图。例如，想表达“两面讨好”的意思，可以说“快刀切豆腐——两面都光亮”；想表达“一个人没有主见，见风使舵”的意思，可以说“风吹墙头草——两面倒”。这会使你的语言生动活泼，给人留下鲜明深刻的印象。歇后语能够让语言更具表现力，往往通过生动的比喻使人印象深刻。然而，需要注意的是，歇后语虽生动有趣，但如果过度使用可能会显得累赘。

总的来说，与人交流时使用的语言应该易于理解。有修养懂说话分寸的人指出，如果交流的对象不是专家或学者，说话的场合不是非常正式，那么你应该使用简单、易懂、朴素的语言，少用专业术语，更不要咬文嚼字、故作高深，否则对方会觉得与你交流非常困难。如果对方是具有较高文化素养的人，那么说话者的语言可以稍微文雅一些，使谈话符合他们的身份背景和文化水平。但无论哪种情况，准确地表达你的意思，语言通俗易懂是最受欢迎的表达方式。

话多不如话少，精练才是王道

每个人可能都有这样的经历，当你进入一家商店后，总会有一位导购员迎上来，一脸的职业微笑，热情地向你介绍新产品。他们的表达能力非常专业，语言流畅自然，从产品性能、优势到结构特点，再到产品价格和售后服务等方方面面，都介绍得很到位。

对方滔滔不绝，如同连珠炮般，让你无法插嘴。他们并不在乎你的感受或作何反应，只是在你面前说个不停，除非你掏钱，否则绝不会罢休。

你本来对某个商品有兴趣，而导购员如此言语，就让你立马产生反感情绪，对该商品失去兴趣，匆匆逃离。导购员的行为说明一个问题，即冗长的语言并不能将事情说清楚，语言简洁往往更有效果。当你进入一家商店或来到一个柜台前，导购员微笑着迎上来，说："您好，您需要什么？"你可能会说随便看看。当你在某件商品面前停下来，向导购员询问该产品的性能、质量时，导购员的语言简洁明了，满足你的心理需求，情况可能会有所不同，你极有可能会购买该商品。

因此，有修养懂说话分寸的人指出，在陈述某件事情或表达内心所思所想时，一定要把握好说话的分寸。用简明干脆的语言说出重点，人们更乐意听；语言冗长，既不能突出重点，又啰里啰唆，人们根本不愿意听下去。

晓磊下班后，回家的路上目睹一起交通事故，回到家后兴奋地告诉老婆："刚才路上出车祸了！"他老婆停下手中的吸尘器，关心地问："什么情况？严重吗？"

晓磊便开始详细描述："这次的交通事故是一辆豪车撞上一个骑电动车的老人。那个老人是接孙女放学回家的，横穿马路时被豪车撞了。开车的是个年轻女性，长得挺不错，驾驶技术太差，撞人后竟然没说一句道歉的话，反而显得很傲慢……"

听到这里，晓磊的老婆重新打开吸尘器打扫卫生。晓磊有些不满，说："我正在跟你说话呢，你怎么不注意听呢？"

"我这不是在听嘛！"

"吸尘器声音那么大，你怎么能听得清？"

"听不清也没关系啊！反正你说的也不重要。我不想听你夸那个女人长得多漂亮，只想知道车祸的结果。"

"哦，幸好豪车及时刹车，那个老人只是摔了一下，并不严重。"

"你看！就这么简单一句话，你说了那么久，我可没那么多时间听你讲那些无关紧要的废话！”

晓磊老婆的话恰好说出了许多人的心声。有时候，我们只想知道结果，而对方却啰里啰唆地讲了一大堆细节，听了半天却还是不清楚结局。有修养懂说话分寸的人都明白，沟通的目的主要有两个：传达信息和说服他人。只要要点清晰，越简洁越好；描述过于冗长，往往会把简单的事情变得复杂。

如果像晓磊那样，花费很长时间才讲到重点，甚至在讲述中跑偏，即使对方没有像晓磊老婆那样不再倾听，也可能因为听不到关键内容而开始分心。简单明了，突出要点，这样对方才能记住你所说的话。否则，无论你说多少，最终也只是无用的废话。

林肯在当律师时曾说过：“在法庭辩论中，如果第七点议题是关键所在，我宁愿让对手在前六点占据优势，而我通过第七点取得胜利。这种策略是我在法庭上频频获胜的关键因素之一。”

他在一起非常有名的官司中，就是通过这种方式获胜的。在审判的最后一天，对方律师花了两个小时总结案情。林肯没有逐一驳斥每个论点，而是集精力于关键点上，用了大概一分钟的时间。最终，林肯赢得了这场官司。

对方律师引用大量资料并慷慨陈词，却输掉了官司。相比之下，林肯将自己的论点浓缩成一分钟的内容，准确表达出核心意思，给陪审团和法官留下了深刻印象。正是集中于关键点的一分钟，使林肯在官司中获胜，说明只要抓住问题的关键点，便可一击制胜。由此可见，语言的精髓，在精而不在多。

信息化时代，生活节奏快，时间观念强，简洁而准确的言辞是提高效率的最佳方式。那么，在说话时如何把握好简洁精练的分寸呢？可以参考以下几点：

1. 抓住关键，长话短说

抓住关键点，简洁地表达，避免空话、毫无目的的言论，以及重复他人已说过的或众所周知的内容，是赢得听众的策略。冗长的说教，充斥着陈词滥调而缺乏独特见解，只会让听者烦躁和厌倦。

德国著名诗人和剧作家贝托尔特·布莱希特特别厌恶冗长而无实际意义的会议。

有一次，他被邀请参加一个会议，并被要求致开幕词。布莱希特不想参加，就找借口婉言拒绝了。然而，主办方不肯罢休，找到他最好的朋友，碍于朋友的面子，布莱希特答应下来。会议当天，布莱希特准时到达，悄悄地坐在后排。主办方看到他后，邀请他到主席台上就座。

会议开始前，主办方说了一大堆贺词，欢迎参加会议的人员，听得布莱希特极为不舒服。贺词说完后，举办方热情洋溢地宣布："今天非常荣幸，我们请到了布莱希特先生，现在请他为大会致开幕词！"

布莱希特站起来，走到台前。与会的记者们迅速掏出笔和记事本准备记录布莱希特的开幕词，相机也是不停地"咔嚓、咔嚓"作响。不过，出乎所有人意料的是，布莱希特的致辞很简短，仅说了一句："我宣布，会议现在开始！"

台下听众愣了一下，继而爆发出热烈的掌声。

布莱希特为什么能赢得掌声呢？因为他抓住关键点，长话短说。要知道，大家是来参加会议的，不是来听开幕词的。布莱希特使用简短的开幕词，说出了大家的想法。因此，在与人交流时，一定要抓住重点，尽量少说或不说废话，听者才不会厌烦。

不过，使用这一方法，主要针对特定的交流对象，要是对方与你不熟悉，你上来就直奔主题，会给对方造成唐突的感觉，交谈的预期将会大打折扣。通常情况下，这种表达方式适用于熟悉的人。

2. 话题集中，话语简明

口头交流总是在一定的时间框架内进行，不同的情境需要不同长度的对话。当时间紧迫时，话题需要集中，言辞简练；当时间充裕时，话题可以放宽一些，言语也可以轻松一些。如果忽视交流的时间长短，盲目闲聊，必然影响沟通效果。

美国第34任总统德怀特·戴维·艾森豪威尔，对演讲中时间把握的重要性深有体会。在担任总统之前，艾森豪威尔曾任哥伦比亚大学校长，并经常参加会议发表演讲。

有一次，集会上他被安排在最后发言，之前的几位演讲者占用了很长时间，导致轮到他发言时，时间已经不多。意识到时间已经很晚和听众的不耐烦情绪，艾森豪威尔决定放弃事先准备好的演讲稿，改为简短的即兴演讲，他说："每一次演讲，无论是书面形式还是其他形式，都应该有标点符号。今晚，我就是那些标点符号中的句号。"

艾森豪威尔刚说完，掌声便响起。事后，艾森豪威尔表示，这是自己最成功的一次演讲。

现场听众给艾森豪威尔鼓掌，艾森豪威尔自己觉得演讲很成功，这是很合理的。在时间有限且听众不耐烦的情况下，即使是内容再精彩的演讲也难以接受，而艾森豪威尔用幽默的语言进行短暂演讲，具有双重意义，主要表现在：既是对前面演讲者的肯定，又完成了自己的任务；既节省时间，又赢得听众的赞许。

条理清晰才能把话说好

也许你经历过这样的场景：你正在生动地向朋友描述某件事情，突然"卡住"，忘记自己刚才说了什么，也忘记了接下来想说什么。这时，语言似乎在和你玩捉迷藏，导致你的思维混乱，自己也记不清说话的主题和方向。这就是条理不清晰的显著特征。

在与人交流时，声音固然重要，但在表达时，清晰的语言更为重要。原因在于说话是否流畅自然，决定你给对方留下的印象。养成有条理说话的习惯可以让更多人了解你，也可以提升你的个人魅力。

有位极富语言智慧的女性作家，朋友曾对她的表达能力做出这样的评价："她讲话慢条斯理，极富感染力。有她参加的研讨会，许多人不愿意排在她后面发言，原因很简单：只要她发言后，其他人的发言都显得黯然失色。所以，举办方通常把她安排在最后一个发言。"

这位女作家讲话时条理清晰，是大家公认的。不过，大家所不知道的是，她小时候非常内向，甚至有些自闭，基本上不说话。她是独生女，在那个特殊的年代里，父母被下放去了农村，她则由姥姥照顾。也就是在姥姥照顾的那段日子里，她养成了说话条理清晰的良好习惯。

她不像其他小朋友那样上过幼儿园，她在一两岁时，开始认字，四五岁的小小年纪就接触到《论语》，后来看《红楼梦》。在她的童年里，除了跟姥姥说话外，很少接触到外人，想说话时，她就自己和自己说。十三四岁时，开始写日记，一直坚持到现在。刚写日记时，主要记录日常琐事，常常写得是前言不搭后语，但随着长期的锻炼，她逐渐学会把自己的信息编排次序，再记录下来，这样就培养出了她组织语言的逻辑性；同时，写日记也能提升她的写作能力。如今，这位女作家依然活跃在公众视野中，她说话有条理的风格，让圈内人士赞叹不已。

要是这位女作家说起话来含糊不清，即便学问再渊博、知识再丰富、见解再深邃，也难以打动他人，原因在于大家不喜欢与说话条理不清晰的人交流。

在为人处世时，要想很清晰地表达一件事，需要用简洁明了的话讲出来，不要扯东道西。说话漫无目的，条理不清晰，是思想混乱的外在表现。逻辑混乱就会使我们像折了翅膀的鸟儿，无论在工作中、生活中还是社交中，都会给我们带来不便。

那么，在与人交流的过程中，想表达自己的想法时，如何把握好条理清晰的分寸呢？可以参考以下几点：

1. 说话之前想三分

说话之前，没有认真考虑要说的内容，说话过程中就很难做到条理清晰，甚至可能会无话可说，或者即使有话要说，也会表达得语无伦次。

从心理学的角度来看，日常语言分为对话语言和独白语言两种。对话语言包括聊天、讨论、辩论等；独白语言则包括报告、演讲、讲课等。一般来说，独白语言的要求更高，并且是以对话语言为基础的。在与人交谈之前，尤其是在发言或演讲之前，应该做好充分的准备。例如，可以把演讲内容写成提纲，或者在心中默诵和试讲。

2. 用准说话的方法

要想清晰有逻辑地表达想说的话，说话的方式非常重要。可以参考以下方法：根据演讲内容的重要程度，将不同的信息划分等级。最重要的事情先说，表达要精准简洁；然后是次重要的。既可以先陈述观点，也可以讲完第一点，给出具体的论证，接着讲第二点，用具体内容去论证第二点……

要想把话说好，必须首先掌握对话语言的方法。当对方讲话时，必须耐心听取他人的意见或观点，不能随便插话或打断对方，还要善于察言观色，注意从对方的面部表情和态度中观察他对话题的感受，更要分析对方说话的特点，吸取其优点，舍弃其缺点。同时，应该以诚恳的态度说话，当发现对方有厌倦的情绪时，应立即停止这个话题。

3. 抓住机会多练习

好口才不是天生的，是由外部环境的影响和自身努力，逐步培养出来的。相信许多人有过这样的经历：当面对一人或少数人时，可以很好地表现自己的语言技能，一旦周围环境发生变化，就会因为一些外在因素而变得思绪混乱和不清晰。要克服这种情况，需要在陌生或人多的地方多练习说话，勇敢表达自己的内心想法。刚开始时，可能不会成功，甚至会被人嘲笑，千万不要因此而放弃。这个时候，更要让自己保持冷静，仔细分析自己讲话失败的原因，然后勤讲多练。随着练习次数的增加，表达能力便会不断提高。

停顿有门道，千万别小瞧

在为人处世时，只要稍加留心，就不难发现，有些人讲话语速非常快，就像是机关枪扫射一样，一口气把要说的话都讲完。这种流畅的讲话方式，在有修养懂说话分寸的人看来，有时并不是件好事，他们的快节奏使听者根本无法辨别出他们在说什么。

造成这种情况的原因主要在于，说话者不懂得如何停顿。那些有修养懂得说话分寸的人，在描述事物或讨论话题时，会根据情节适当地改变语速，该快时则快、该慢时则慢，跌宕起伏、有轻有重。表面上，停顿是词语或句子之间声音的间隔，实际上它反映了语法和语义的许多方面。在大多数情况下，标点符号的使用正是为了标示停顿。特别是在语义上，句子停顿的位置可以显著改变其含义。

在某个公司进行工资调整后的总结会上，一位领导做报告时说：“通过这次工资调整，我们极大地激发了员工的积极性。得到加薪的‘和尚’，未得到加薪的同志，都表示……”

听到这个“巧言”，在场职工一片哗然，除偷笑外，还有不少人揶揄道：“我们这里是公司又不是少林寺，怎么会有和尚？”“难怪我们没涨工资，原来都给寺庙里的和尚了！”

这位领导并不理解停顿的重要性，在不应该停顿的地方停顿，结果引发笑话。正确的表达应该是：“……得到加薪的和尚未得到加薪的同志，都表示……”这样说，就不会引起误解。由此可见，单靠良好的语言技巧是不够的。要是连基本的换气和停顿都把握不好的话，再好的语言，也会被白白地浪费。

在一场心理学讲座中，主讲者在谈到心理细节时向听众提出一个问题：“让我们考虑一下男人和女人回家后，在进门前摸钥匙的不同之处。”随后，主讲者沉默下来，让听众思考和推测。

听到题目后，听众顿时活跃起来，大家自由发挥想象，有的人互相讨论，有的人干脆掏掏口袋来进行现场模拟。

待听众讨论了一阵后，主讲者才将她所见到的不同情形娓娓道来：“根据我的观察，大多数女人在刚走上楼梯时，手就在口袋里摸索，走到家门口的时候，凭着感觉已经在一大串钥匙中找到了一把，向锁孔里一插，果然就打开了门。而大多数男人则往往是匆匆忙忙地跑到家门口，用脚或拳头用力地撞击一下大门，打不开，这才想起到口袋里或包里去摸钥匙，费了好大力气才找到的钥匙却还是打不开门。噢，原来是钥匙拿错了。”

主讲者绘声绘色的讲述使台下听众笑声一片，等到笑声过后，主讲者趁势总结出了男人和女人在心理细节方面的差异。

主讲者巧妙地通过停顿，让听众在此期间去探索问题的答案，然后利用问题的答案引出所阐述的观点，取得了很好的演讲效果。

那么，在说话时如何把握好停顿的分寸呢？可以参考以下几点：

1. 注意语言逻辑

在文字语言中，有标点之处通常需要停顿；在一个句子中，为了准确地表达语意，凸显语言的内在联系，也需要根据要表达的意思合理地划分词组，做出适当的停顿。词组之间的停顿千变万化，是停是连还须以表意准确、清晰为出发点，做出适当的选择。

一个富翁死了，留下一封没有任何标点的遗书：

“七十老翁产一子人曰非是也家业尽付与女婿外人不得干预”

这封遗书可以根据停顿点的不同，出现两种读法：

“七十老翁产一子 / 人曰非 / 是也 / 家业尽付与 / 女婿外人 / 不得干预”和“七十老翁产一子 / 人曰非是也 / 家业尽付与女婿 / 外人不得干预”。

显而易见，两种读法完全表达出两种不同的意思，可把执行遗嘱的法官愁坏了。

2. 用停顿来表示强调

有时候，由于意图、情感和心理活动的变化，语言节奏和语调也需要变化，这时停顿就显得至关重要。

例如，经理要求小王准备一份报告，并说：“小王，请在明天中午之前提交给我。”如果在“明天中午之前”停顿一下，表示强调，就更能让小王在写报告时特别注意时间管理。

3. 句子太长需要换气

说话者通过适当地调节气息，可以起到优化语言的效果。作为调节气息的手段，停顿不仅让说话者有机会换气，也可以让听众有机会回味。例如，“我们开始努力去了解那样熟悉而又似乎那样陌生的亲人”。

这个句子比较长，要是一口气说下来，难免会有些吃力，这时需要停顿进行换气，正确的做法是在“我们开始努力去了解”稍作停顿，然后接着说，这样可以提升语言的清晰度和表现力，使听者能够领悟到这句话的内涵。

用词准确，说出的话才有分量

每个人都有一张嘴，除了哑巴都能说话，但并不是每个人都能准确地表达出自己内心的想法。有时，说出的话可能会给听者传达出相反的意思，导致误解。这种误解的主要原因，是说话者遣词造句时不够准确。

张阿姨和儿媳经常吵架，邻居李婶想劝她们和平相处。这天，婆媳二人正闹矛盾时，李婶满怀好意，说道：“一家人，哪有那么多怨气，有事好好商量，不要动辄就吵架，吵架会让别人笑话。你们婆媳二人应该肝胆相照、和平共处……携起手来把家庭治理好。”

看到这里，你可能忍不住发笑。在这句话中，李婶明显犯下了用词不当的错误，“肝胆相照”“和平共处”适用于国际关系，用来调解婆媳之间的冲突显然是不准确的，属于大词小用。

与李婶相反的是，有位外事办的张主任犯下了小词大用的错误。

有一天，张主任与一个外国访问团进行会谈。会议结束时，张主任做总结性发言时说：“今天的座谈会是一次团结、友好的座谈会。当前国际形势风云变幻，我们两国无论任何时候，无论遇到任何考验，都要拧成一股绳儿……”

“拧成一股绳儿”适用于个体与个体之间，国与国之间是两个庞大的组织，故而不能用“拧成一股绳儿”来形容。

此外，有些词语有惯常的用法。对于有惯常用法的词语，必须遵循它们的使用习惯，不能随意用其他词语来替换它们，否则，表达就不够准确，甚至会引起误会。

一天，一位领导主持追悼会。按照惯例，需要向逝者默哀，本应该说“请默哀三分钟”，让人意外的是，他却说成“请难过三分钟”。参与者听后极其别扭，但出于对逝者的尊重，大家低头“难过”了三分钟。三分钟后，这位领导大脑如同短路了一般，没有想起“默哀”一词，依然把“难过”挂在嘴边，说：“难过结束。”

“默哀”和“难过”都有表示伤心的意思，但在悼念仪式上习惯上说“默哀三分钟”，而不是“难过三分钟”。“默哀三分钟”是约定俗成的惯例，不应随意改变，改变后人们难以接受，也会闹出笑话，更与悼念的庄重气氛不符。

显然，使用精确的词语在交流过程中至关重要。有修养懂分寸的人指出，精确的词语，可以让一个人的内心想法准确有效地表达出来，起到恰到好处的效果。使用过度夸大或过度缩小的词语无法充分表达一个人的真实想法，也会使自己陷入进退两难之境。

在屠格涅夫的小说《罗亭》中，有一段皮加索夫和罗亭之间的对话：

罗亭：“太棒了！按照您的说法，信念之类的东西不存在？”

皮加索夫：“的确如此，根本就不存在。”

罗亭说：“您确信不存在吗？”

皮加索夫说：“对。我非常确信，根本就不存在。”

罗亭说：“既然您如此坚信，信念这种东西不存在。我认为您错了，在您坚信信念不存在时，您就在坚信信念的存在。因为‘根本就不存在’就是您的信念，它确实存在于您的思想之中。”

皮加索夫在回答罗亭的第一个问题时，使用“根本”这个词，等于把话说绝了，把自己的退路给堵死了，结果使自己陷入被动。因此，当面临没有十分把握的事情时，最好使用“可能”“也许”“或者”“大概”“一般”等意义含糊的词，这样的话，可以给自己留有余地。

用词准确是精准说话的基本条件，不仅能准确地传递内心所思所想，还能准确地表达出思想情感。那么，在与人交流时，如何把握好用词准确的分寸呢？可以参考以下几点：

1. 懂得词义，再运用

中华文化博大精深，每个词都有其固有的含义或多个含义，准确了解其含义，再根据特定环境，才能恰当地使用它。要是对某个词的含义或适用范围不甚了解，千万不可随意使用，不然会出现词不达意或因词害义的问题。例如，“你千万别高屋建瓴，房子建得太高并不一定是好事”。

在这句话中，说话者用成语时出现错误，不了解“高屋建瓴”的真实意思，它的本义指的是在很高的房顶上把瓶子里的水倒下来，比喻居高临下，形势有利。现代汉语中指对事物把握全面，了解透彻。说话者却曲解了它的意思，认为这个成语是把房屋建得很高的意思，结果闹出笑话。

2. 细辨近义词，用词要准确

汉语的词汇丰富多彩，同义词很多，对语言表达可以起到积极作用。然而，如果不进行分析和区分，随意使用，就会不可避免地造成语义混乱，更不用说用词准确了。例如，“听了你的话，我非常后悔。因为我作为一名经理，还不如一位普通员工”。

在这句话中，使用“后悔”一词就显得不够精准。“后悔”的意思是，对以前没做或做错的事情难以释怀，心里总惦记着，想着当初没有做或没有做对而懊悔。根据这位经理的陈述，他想表达的是在某个问题或事情上意识到自己不如普通员工，不配担任经理一职。要是把“后悔”换成“惭愧”，就恰当了。这位经理没有认真辨别词义，使用“后悔”一词，并没有将自己当时的心情准确表达出来。

3. 词语也有感情色彩

在汉语中，许多词语有一定的色彩，通常情况下表现在语体或者情感上。语体色彩主要指书面语和口语，情感色彩主要指褒义词和贬义词。表达所思所想时，使用恰当，会增添语言的魅力；使用不当，影响情感的表达，甚至会闹出笑话。例如，“简直太意外了，你父亲刚死不久，你母亲也因车祸上了西天，真是让人伤心”。

“死”这个字属于口头用语，直接说出显得没有人情味儿，也很不礼貌，缺乏同情心，不尊重逝者，把“死”字换成“去世”，语境便会柔和许多，听者也更容易接受。而“上了西天”属于贬义，对逝者和生者都表现出极度的不尊重，把“上了西天”换成“撒手人寰”，情感色彩与整句话就会搭配得比较协调。

结合当下用语，别被时代甩在身后

小李是位才子，经常在报纸、杂志上发表文章，但性格内向，对外界事物的接受能力较弱。在这个互联网高速发展的时代，他宁愿花费大量时间在书本上，也不愿意利用网络来查找知识点。对此，朋友多次劝他充分利用互联网以节省时间和提高效率，他只是微微一笑，既不表示反对，也不采取行动。

由于性格内向，他认识的异性很少，至今依然单身。前段时间，朋友为他介绍了一位女生。约会时，两人的交流还算顺畅，印象也不错。快到用餐时，小李问："你应该饿了吧？我们一起去吃饭怎么样？"

女生回答："我可能吃了假饭。"这句话让小李大吃一惊。他疑惑地看着女生，问："难道饭还有真的和假的吗？"

女生被他的问题惊到，忍不住捂住嘴，不让自己发出笑声。等心情稍微平复后，她调侃道："你真 out 了。"然后找了个理由离开了。

小李这次约会失败，在于不懂现代用语。女生那句"我可能吃了假饭"，实际上是指出发前吃得很饱，现在确实有些饿，潜台词是愿意和他一起吃饭。正是因为他对当下用语的理解不足，与女孩错失缘分。

有修养懂说话分寸的人指出，随着时代的快速发展，日常用语变得愈加丰富多彩。有些承载我们数千年文化的词汇开始发生变化，词性也随之转变，旧词汇被赋予了新含义，旧事物有了新的表达方式，甚至出现一些新词。要是拒绝接受这种变化，你可能就会渐渐地被时代抛在后面，成为与时代格格不入的人。

在你的社交圈或职场中，大家都在接受和认可新事物，你遇到志同道合的人的机会可能比较小，同时，我们也不能一直停留在过去。因此，在与人交谈时，保持与时俱进是很重要的。只有这样，才能融入社会的潮流中，为自己的思想和认知注入新鲜"血液"，从而在与人交谈时，能够更为准确地表达内心想法。

那么，在与人交流时，如何把握好与时俱进的分寸呢？可以参考以下几点：

1. 关注社会动态

时刻关注社会、科技、文化等领域的最新动态，能帮助你在交流时引入新鲜话题。阅读新闻、参加行业活动、关注专家的观点，都能让你在与人交谈时显得更加敏锐和开放。

2. 所用的词汇要与时俱进

人类文明之所以能够不断发展，主要是因为在改变世界的过程中，语言也在持续演变。词汇作为语言的基本单位，新的词汇不断涌现，反映了社会的进步与变化。如果你现在还不理解“内卷”“凡尔赛”“躺平”“特种兵式旅游”“显眼包”“双向奔赴”等流行语的含义，那么可能就真的与时代脱节了。当然，不了解这些新兴用语并不意味着你的知识匮乏，要是在语言表达上未能与时俱进，与他人交流时可能会难以产生共鸣。

3. 所谈的话题要与时俱进

在与他人交流时，应根据谈话对象的不同调整话题。例如，如果你的谈话对象整天为生计而忙碌，这时谈论风景名胜可能会让对方失去兴趣，因为他连温饱问题都未解决，哪里有心思关注这些。若能聊聊当前热门的赚钱机会，对方就会表现出兴趣，并成为你的热心听众，这样的互动将使你们的交流更加顺畅和愉快。

4. 灵活运用新观点

在交流中，可以适当地运用一些新的观点或数据，以支持自己的论点。这不仅可以展现你的知识面，还能引起对方的兴趣。不过，要注意适度，不要让对方感到压力或困惑。适当引入新观点，可以使讨论更具深度，而不是单纯地追求时髦。

5. 避免过度追求新潮

尽管与时俱进很重要，可过度追求潮流可能会导致你在交流中显得肤浅。新事物有其价值，但也要结合个人的实际情况和目标进行选择。在交流时，不要为了追求新奇而忽略了深度和实际。

有些话在开口之前，必须适当铺垫一下

有位哲人说，世界上没有两片完全相同的叶子。道理同样适用于性格：世界上没有两个人是完全相同的。即使是双胞胎，外貌上可能难以区分，但他们的性格往往差异很大。这也意味着，在与不同的人交流时，我们需要采用不同的沟通策略。

有些人习惯于直截了当地表达自己的观点，而另一些人则喜欢说话绕弯子。当然，直接表达并不是不好，迂回表达也未必是最佳选择。例如，你面对一个脾气暴躁的劫匪，却依然迂回曲折地讲道理，可能会激怒对方；和文雅的学者交谈时却说话粗俗，肯定会让对方感到不适。将应对劫匪和学者的方式互换，交流的效果则会恰到好处。

有修养的人懂得说话的分寸，他们通常根据交谈的对象，选择最适合其特征的表达方式。开门见山虽然诚恳，但对于某些问题，要是缺乏必要的铺垫，可能会让人感到突兀，甚至难以接受。尤其是在请求他人帮忙时，提前做好铺垫是很重要的，这样对方才不会因为突然的请求而一时不知如何应对。

晓斌今年 28 岁，独自在大城市生活。他的父母、兄弟姐妹都生活在乡下，因此他常常感到孤单。不过，晓斌并不完全孤独，他的姑姑也在这座城市。每隔一段时间，晓斌都会带些礼物去姑姑家，顺便尝一尝家乡的美食。这样一来，晓斌与姑姑一家相处得非常融洽。

晓斌交了个女朋友，已经发展到谈婚论嫁的阶段，丈母娘唯

一的要求就是让晓斌买房。晓斌把这个条件告诉父母，父母一辈子面朝黄土背朝天，根本无法给予他经济上的支持。

左思右想，晓斌觉得姑姑一家经济条件较好，可能会帮上忙。于是，他在周末带着礼物拜访姑姑。

见到姑姑，晓斌坐下还不到一分钟，就直截了当地说道："姑姑，我想跟您借钱买房。"这句话一出，屋里的气氛陡变。姑姑愣了一下，没有立即回应，姑父则问道："你怎么突然想买房，之前没听你提过呀？"晓斌解释道："是这样的，我要结婚，丈母娘希望我买房。"

屋内再次陷入沉默，姑姑过了好久才缓缓说道："晓斌，真不巧，我和你姑父刚在海南买了套房，打算去那儿养老，要是你早些告诉我们，或许我们就不会买了，可以先把钱借给你，但现在，首付已经交了。"姑姑的话彻底击碎了晓斌的希望，他感到非常尴尬，连忙告辞，此后也很少去姑姑家了。

就借钱这件事而言，晓斌因不会表达而失败了。

首先，姑姑家的钱无论多少，都是姑姑与姑父的共同财产，姑姑不可以个人做出决定。晓斌向姑姑借钱，至少应该先给姑姑打个招呼，让姑姑和姑父私下商量一下。他开门见山，直接提出请求，姑姑显然不能当着他的面和姑父商量，为了避免夫妻之间引发矛盾，只好找个借口拒绝晓斌。

其次，在寻求他人帮助时，了解对方的情况非常重要。通常情况下，人们不太愿意把钱借给那些准备贷款买房的人。更何况，晓斌的借钱请求显得过于突然，遭到拒绝也是情理之中的事情。

老公提前回家，煮了一锅红枣饭。妻子下班回来，吃饭时，高兴地问："这枣真甜，哪儿来的？"

丈夫回答说是乡下姨妈让进城的人捎来的。妻子感慨道：

“姨妈想得周到，每年都送枣！”丈夫接着说：“那还用说，小时候我失去父母，是姨妈把我抚养大的。”妻子说：“她这一生也真够辛苦。”这时，丈夫显得有些无奈，叹了口气，说：“听捎枣的人说，姨妈的老胃病又犯了，我在想……”丈夫的话还没说完，妻子立刻说：“乡下医疗条件差，把姨妈接到城里来，到大医院好好治治。”

这就是一个典型的铺垫案例。丈夫提前准备一锅红枣饭，妻子回家后主动提起红枣，询问来源。丈夫便自然而然地聊起姨妈对自己的关爱，以及姨妈辛苦抚养自己的经历，从而赢得妻子的理解和同情。接着，他提出自己的想法，顺利得到妻子的支持。

要是这位丈夫开门见山，看到回来的妻子便说：“我姨妈的老胃病又犯了，我想把她接到城里来好好治治。”妻子听后，容易产生抵触情绪，原因是妻子不了解背景，心中会想：“凭什么？”即使丈夫后续进行解释，妻子勉强同意，内心也并不开心，因为最初的抵触情绪已经形成，不容易消退。因此，想让对方认可或支持自己的想法时，最有效的方法是先进行铺垫，让对方了解事情的原委，争取到理解和同情后，再提出请求，这样就能避免一开始的抵触情绪，促使事情顺利解决。

那么，在表达自己的意图时，尤其是求人帮忙时，如何把握好铺垫的分寸呢？可以参考以下几点：

1. 以感谢开场

在说出自己的意图前，先向对方表示感谢，这样可以降低对方的抵触情绪，提高愿意合作的概率。

2. 先说题外话

就是先与对方聊一些与主题无关的事情，比如，拉家常，讲有趣的事情，这样可以调动对方的积极情绪，营造出一个轻松愉快的交流氛围，对方心情舒畅了，接下来的事情就好办了。

3. 使用缓和的语气

在说出自己的意图时，语气要缓和、委婉，讲出事情的原委，以便获得对方的同情和支持。当对方在心理上与你产生了共鸣时，很大程度上会答应你的请求，帮你摆脱面临的困境。

好的结束语为交谈画上圆满的句点

与人交谈，良好的开场白固然重要，但也不应忽视一个好的结束语的重要性。要是把开场白比作美味的开胃小菜，那么结束语就如同一杯香浓的咖啡，让人久久难以忘怀。研究显示，人们的记忆和印象深受“记忆的系列效应”的影响——简单来说，事件的开头和结尾留下的印象最为深刻，甚至可以左右记忆。要想给对方留下良好印象，结束语同样重要，一定要把握好结束语的分寸，切不可草草了事。

一天，笑笑去一位同事家做客。两个人年纪相仿，看法相近，聊得非常愉快，还一起做了饭。

饭后，两人坐在客厅里一边聊一边玩。这时，笑笑的手机响了，原来是母亲催她回家，一起去看外婆。笑笑只得与同事告别。就在笑笑后脚刚离开门，身后传来“哐啷”一声响，原来是同事用力关上了门。

这一声响，让笑笑心头顿起寒意。从那时起，笑笑就很少与那位同事交谈了。

事实上，许多人在为人处世中会遇到类似的情况，这会让他们的情绪大大受挫。在这个故事里，笑笑的同事可能并无恶意，但笑笑难免起疑，先前的愉快对话也被那一声“巨响”瞬间抹去。正确做法应该是，这位同事至少送出门，说："和你聊天真是意犹未尽，欢迎常来！"通过笑笑的这件事证明，结束谈话时，设计一个能留下深刻印象的告别语至关重要。简单的"再见"或"晚安"又显得枯燥乏味、缺乏深度，无法在对方心中留下回味的空间。

那么，与人道别前该如何把握好结束语的分寸呢？可以参考以下几点：

1. 了解对话的背景与情境

结束语的选择往往取决于对话的性质。例如，正式的商务会议与朋友间的闲聊，结束语的风格和语气应有所不同。在商务环境中，可以选择较为正式的表达，而在朋友间则可以轻松一些。

2. 关注对方的情绪

在结束对话时，注意观察对方的情绪变化。如果对方表现出疲惫或不耐烦，可以简洁明了地结束对话；如果对方兴致勃勃，就可以适当延长交流，最后再做结束。此外，给对方留下思考的空间也是一种礼貌的表现。

3. 提供总结与反馈

在结束语中适当地进行总结，能够让对方感受到你对谈话内容的重视。例如："今天聊得很愉快，我们讨论的内容让我对这个项目有了更深的理解。"这样的总结既能体现你的关注，也为结束对话增添了一种圆满感。

4. 表达感谢与期待

感谢是结束对话的重要部分。可以用简单的句子表达对对方的感激，如"谢谢你今天的分享，希望以后还能有机会继续交流"。这种表达不仅体现了对对方的尊重，也为将来的交流打下了良好的基础。

5. 留出后续联系的余地

在结束语中可以提到未来的联系。例如："如果你有新的想法，欢迎随时联系我。"这样不仅展示了你的开放态度，也让对方感受到你愿意保持联系的诚意。

6. 避免过于生硬的结束方式

有时，简单的"再见"可能显得过于生硬。在结束语中加入一些人性化的元素，可以让对话更显自然。例如："今天聊得很开心，期待下次见面！"这样的表达既温暖又不失礼貌。

7. 根据对话内容适当调整

如果对话中提到了某个特定话题，可以在结束时提到这一话题，形成呼应。例如："关于你提到的那本书，我会去看看，期待下次和你讨论！"这样的结束不仅显示出你在认真倾听，还能增强对话的连贯性。

8. 灵活应对不同场合

根据对话的场合灵活调整结束语。例如，在正式场合，可以说："感谢各位的参与，希望大家保持联系。"而在非正式场合，可以说："好久不见，聊得真开心，下次再约！"这种灵活应对能够使你在不同环境中游刃有余。

第二章

变通：互动有分寸，和谁都能聊得尽兴

互动是交谈的基本途径之一，会说话的人在与他人交流时，懂得如何找到对方喜欢的话题，从而拉近双方的距离。不过，有些人却不懂得其中的道理，他们常常以自我为中心，说自己喜欢说的话，如此也就失去了互动的目的，甚至让听者生厌，不能达成所愿。

寒暄到位，未开聊便成功一半

在为人处世中我们都会有这样的感受：与别人谈话时，往往不会直接进入最核心的话题，而是先聊一些其他话题，活跃一下气氛，这就叫作“寒暄”。事实证明，许多谈话都是从寒暄开始的。寒暄是人与人建立语言交流的方式之一，它可以让陌生人打破最初的隔阂，让朋友更加亲密，把单调的气氛活跃起来，为接下来的聊天打下良好的基础。

张鹏是一家房地产公司的销售员，每个月他都能稳居销售冠军。当被问及如何处理不熟悉的客户时，他总是微笑着说：“寒暄是关键。”

一天，一家三口来到张鹏所在的公司看房源。请他们坐下后，张鹏对丈夫说道：“先生，您真是有福气，能娶到这样美丽能干的妻子！什么？她快 30 岁了，还是一个孩子的妈妈？我一点都看不出来。您的妻子真是驻颜有方，保养有术啊。”

丈夫听了非常高兴。接着，张鹏转向妻子说：“太太，您确实眼光不错。嫁给这么体贴和有责任心的丈夫，事业又做得如此成功。人们常说，每一个成功的男人背后都有一位智慧和贤惠的妻子，今天见到您，您确实当之无愧。”妻子听了同样感到高兴。

张鹏接着把注意力转向他们 4 岁的女儿说：“小妹妹，你今年几岁啦？真可爱，和妈妈一样漂亮，尤其是那双美丽的大眼睛……”

张鹏以赞美的方式，与这一家三口进行寒暄，赢得对方的好感，进而化解了彼此之间的陌生感。在张鹏的引导下，这对夫妻成功地选择了要购买的房产。

有一次，导游王丽丽带一个南方旅游团去北京观光，不巧，旅行的第一天就赶上了一场鹅毛大雪，这对他们之后的游览登山、参观景点、出行路况等都造成了很大影响。不少游客开始抱怨天公不作美，大家的游玩兴致变得十分低落。导游王丽丽是怎么做的呢？

在大巴上，王丽丽兴高采烈地对游客们寒暄道："亲爱的朋友们早上好，大家真幸运！因为北京此时正呈现出难得一见的千里冰封、万里雪飘的北国壮丽景象。今天实在是个难得的好日子，是我们可以亲自去体验毛主席诗句意境的日子。老天真是眷顾我们，给我们送来皑皑的白雪，那么就让我们快乐地启程，去当一次踏雪登长城的好汉吧！"

听到王丽丽的一番话，游客们减少了对天气变化带来不便的担心，大家一想到有如此美好的雪景，旅游的情绪也慢慢高涨起来。

导游王丽丽的这种寒暄方式，完全是从关照游客心理的角度出发的，自然能使对方产生一种认同感。当大家都被王丽丽描述的雪景吸引时，他们也就不知不觉地接受了大雪所带来的种种不便，甚至这些不便在他们的心里已慢慢淡化。可以说，适当的寒暄能够促进双方在交际中的亲和需求，而这种亲和需求在融洽气氛的推动下会逐渐升华，使我们顺利地达到交际目的。

那么，在正式交流之前，该怎样把握好寒暄的分寸呢？可以参考以下几点：

1. 问候式寒暄

"您好"是最常用的问候语。然而，根据对象和场合使用不同的问候语可能效果更佳。面对尊敬的长者，用"您老人家好"表示尊敬。对于同龄人，可以用他们的名字或名字的一部分接上"你好"，增加亲近感。面对专业人士，像"李医生，您好"或"王老师，您好"表示尊敬。春节期间，可以说"新年好"营造节日氛围；早晨时分，说"早啊"或"早上好"比"您好"更加合适。巧妙运用这些问候语可以打开交流之门，引出多种话题，避免尴尬或沉默。

2. 赞扬式寒暄

赞扬式寒暄是以赞美对方的话语来与对方打招呼，主要的话题包括衣着、身体、工作、父母、家人等，这样的寒暄不仅能使对方心情愉快、感觉良好，而且还能创造一种和谐的交流气氛。

常见的赞扬式寒暄语有："哟，在哪儿买的衣服，这么酷，快叫人认不出来了。""你穿这套衣服挺合适，看上去特精神！""你写的那篇文章昨天我看到了，真不简单！""这些天你的脸色好多了！""这是你的母亲呀，这么随和，还挺漂亮！"等。

每个人都希望获得他人的赞美，这是人类之所以有别于动物的地方。马克·吐温说他得到一次称赞后，可以凭这份赞赏愉悦地生活两个月。这说明赞扬式寒暄对人的影响是积极且巨大的。

3. 致谢式寒暄

在为人处世中与人聊天，需要致谢的地方很多。一个有教养的人总能及时地向他人表达谢意并以感谢的方式来寒暄。即使是一般人，在面对以下这些情况时，也应该以致谢的方式来寒暄：当有人为你端上一杯水时、当有人邀请你一同做游戏时、当有人热情地为你让座时、当有人为你捡起你掉了的东西时、当有人送你礼物时、当有人帮助了你的学习时……总之，也就是在他人为你提供了服务或方便时，你都应该以致谢的方式与他人寒暄。而在这样的情景之下，我们常用的致谢语有："谢谢""谢了""非常感谢""十分感谢"等。此外，中国的传统致谢语还有"有劳你了""难为你了""劳您费心了"等。

4. 敬慕式寒暄

初次见面时应表达对对方的尊重和敬慕，展现热情和礼貌。关键是要把握好平衡，避免过度吹捧，如初次见面就说"久闻大名，如雷贯耳”可能过火。敬慕的内容应根据对象、时间和地点进行调整。

5. 即景式寒暄

所谓即景式寒暄，就是以当时身边出现的人和事作为寒暄的话题，见机行事，信手拈来。例如，在生日宴会上，你可以说“今天的晚餐很丰盛”；在朋友家中，你可以说“这房间布置得很有品位”……最常用的即景式寒暄就是“今天的天气真不错”。

在为人处世中，我们还可以根据对方的特点和当时的场景来寻找一些即兴的话题作为寒暄语。例如，看到对方正在做什么、正做完什么或将要做什么时，就可以将其作为寒暄的话题。比如，“买菜呀？”“上课了？”“上街呀？”“哟，浇花啦？”“这么晚才吃饭呀？”……

6. 攀认式寒暄

攀认式寒暄虽然有点攀亲道故的味道，但找到与对方的共同之处可以说非常实用。通常，只要对素不相识的人稍作调查，就会发现你与对方之间有一些或明或暗、或近或远的关联。在交流中提到这些关联可以立即拉近彼此心理距离，营造亲切感。

例如：“啊，您姓李？我也是！我们五百年前是一家子呢！”“您来自安徽南部？我出生在安徽北部，两地相隔咫尺。今天能遇到同乡真是令人愉悦！”

这种找到共同之处的方法能够轻松打开交流的大门，建立即时的融洽关系。

表达要有共情力，把话说到心坎儿里

在为人处世中，许多人会感受到，有些人特别善解人意，他们温暖体贴的语言让人有如沐春风之感，很多人渴望具备这样的表达能力。不过，这种表达能力不仅仅依赖于语言的运用，更需要深度共情的能力。在对话时，我们应该养成站在对方角度思考的习惯，时刻关注对方的感受。这样一来，才能更好地进行沟通，把话说到对方心坎儿里。

所谓深度共情的能力，是指自觉地将谈话人的角色互换，把自己的立场转移到对方身上，把对方的言行视为自己的感受来对待。如此一来，你我之间的交流就会变得顺畅，对方能够在你的言语中感受到被尊重和认可，而你所说的话语也更容易产生“句句入耳、声声入心”的效果。

高阳参加聚会时，看到一位有过几次交往的企业家坐在一旁喝闷酒。于是，高阳走过去打招呼，说：“既然来了，就开心点，今天咱俩不醉不归！”

企业家举起手中的杯子说道：“你说得没错，但是，目前我有一批产品出现问题，实在是开心不起来。”

高阳回应道：“确实，遇到这种事谁都会心烦。”

“这还不止，”企业家继续说，“我公司的首席设计师跳槽到竞争对手那里了……”

高阳说：“首席设计师跳槽，说明他目光短浅，只看到眼前的蝇头小利，没考虑到未来的发展。我非常相信你和你企业的潜力，一定会有一个美好的明天。再说了，他的离开并不一定是坏事，会有更优秀的设计师加入进来……”

高阳一边听着，一边积极附和着，不断对企业家的遭遇表示理解。渐渐地，企业家的情绪好转了一些，他对高阳说：“谢谢你，兄弟，今天和你聊了这么多，我感觉好多了，别为我担心，所有事情都会好起来的，到时候咱们再坐一起好好聊聊！”

高阳在与企业家对话的过程中，并没有给予对方什么建议，也没有刻意去开导他，但他依然展现了出色的表达能力。在这个过程中，他使用的就是共情力，表达对企业家的遭遇和处境的理解。可见，共情的力量，有时能超乎我们的想象。

在没通电的年代，一群年轻姑娘晚上聚在一起做针线活儿，大家平摊油灯的油钱。有一位姑娘家境贫寒，根本承担不起油钱，她希望能多做些活儿来赚钱，于是加入她们的行列。当其他姑娘发现这个情况后，经过讨论，决定让她离开这里。

穷姑娘请求大家留下她，说："我支付不起油钱，每天都提前到这里打扫房间，准备好一切需要的东西，你们一来就可以直接干活。我在这里干活时，也不会让你们多花油钱，油灯也不会因此而变暗。所以，我的存在并没有给你们带来损失。我为大家打扫房间，准备东西，大家可以节省更多时间，这样不就是对大家都有好处吗？能不能让我留下来呢？"

大家听了她的话，觉得很有道理，决定让她留下。

故事中的穷姑娘情商很高也很懂得说话的分寸，她并没有直接请求大家原谅她，而是采用另一种表达方式，即将大家的利益放在首位，并清晰地阐述了对双方都有好处的道理。最终，在权衡利弊后，大家改变了想法，穷姑娘也顺利地得到了认可。

赵娜在公司已经工作快两年了，并取得了一些成绩。最近，她听说部门主任即将离职，副主任有望晋升为主任。公司可能会在他们办公室中，选出一位新的副主任。为此，许多人开始私下进行活动。赵娜对这种做法感到不满，却又无能为力。

一天，副主任找赵娜聊天说："你在公司快两年了吧，工作成绩也很不错，对于这次的人事调动你有什么看法？"赵娜一时间有些迟疑，不知道该如何回应。不过，想到自己似乎没有太大希望，也只好根据自己的情况表明态度。

赵娜回答道："领导，很抱歉。我在公司工作已经快两年了，平时对其他方面关注得不够，主要是专注于自己的工作，一时也没什么意见。我一直认为，做好自己的工作是最重要的。”领导听了她的话，点了点头，就让她回去继续工作了。

让赵娜没想到的是，半个月后，她竟然被提升为副主任。

职场中，领导最忌讳员工私下拉帮结派，询问赵娜的意见也是出于试探。虽然赵娜对其他同事的做法并不赞同，但她从未在背后说过任何人的坏话，始终保持自己的立场。她的回答正好说到领导心里，也恰好是领导想要的满意结果。

要让对方心悦诚服，有修养懂说话分寸的人，会把话说到对方心坎儿里。这就要求说话者，说话前要充分了解对方的心思，明白对方的心理需求。简单来说，你需要明白对方想听什么、喜欢听什么，只有这样，才能让对方真心愿意与你交流，并认可你说的话。

好话题胜过好方法

一个良好的开端往往意味着成功了一半。与人交谈时，一个好话题往往能够弥补各种交际技巧上的不足。在为人处世中，你会发现与自己没有太多共同点的人交谈，尤其是初次见面时，会感到尴尬和乏味。这时，要是能找到一个双方都感兴趣并引发共鸣的话题，交谈就能够愉快地进行下去。

刘杰和章斌在同一个小区已经住了一年多。通常情况下，他们见面时只是互相点头打个招呼，并没有太多的互动。不过，最近的一次“偶遇”却显著改变了他们之间的关系。

那天，刘杰去渔具店购买钓鱼竿。在与店主讨价还价时，章斌也进来了。看到双方僵持不下，章斌出面做中间人，让两人各退一步。最终，他们达成一个令双方都满意的价格。原来章斌是这家渔具店的常客，与刘杰一样喜欢钓鱼。回去的路上，这两位平日少言寡语的邻居边走边聊，从钓鱼装备到钓鱼的乐趣，谈得十分投机，就像是老朋友重逢一般。从那时起，他们经常一起钓鱼，成了无话不谈的好朋友。

你看，平时少有交流的邻居——刘杰和章斌找到了共同感兴趣的“钓鱼”这个话题，点燃了他们的交流兴趣，还让两人有了聊不完的共同话题。

有修养懂说话分寸的人指出，一个真正好的话题有一个非常重要的指标——对方是否感兴趣。谈论对方感兴趣的话题，不仅能够吸引他们对你的兴趣，还表明你关心和考虑他们的喜好。可见，谈论他人感兴趣的话题，可以轻松拉近人与人之间的距离。

销售员李佳向一位陌生客户推销产品时，注意到客户的墙上挂着“制怒”二字，显示他希望控制自己的易怒情绪。

李佳见状，问道：“您经常发脾气吗？”

客户回答说：“我确实容易冲动。尽管知道这个缺点，我仍然难以控制，所以我挂这两个字是为了提醒自己。”

从这个话题出发，李佳首先表示理解，然后分享自己的看法，对方也分享了自己的感受。两人因“制怒”聊得很融洽，迅速拉近了彼此的距离。对李佳而言，则是把产品顺利地推销给客户。

网络上有一句流行语：“真正的朋友可以面对面坐很久不说话，也不觉得尴尬。”这句话有其偏激性和极端性。真正的朋友怎么可能找不到共同的话题呢？想象一下，与朋友或熟人见面，因为没有共同的话题而冷场，是何等尴尬。因此，懂得开启他人感兴趣的话题，对于顺利交谈和有效沟通至关重要。

相反，在交谈中只关注自己的喜好，分享自己的趣事和个人感兴趣的话题，即使你滔滔不绝，对方可能也不会完全接受你所说的内容。

林平是一个活泼外向的人，喜欢与人聊天，却很少有人愿意与他交流。为什么呢？每当他开口说话，别人就很难有发言的机会。

无论是对熟悉的朋友还是陌生人，他总是大谈特谈与自己有关的事。虽说是与人聊天，实际上是在讲述自己的人生阅历。不仅详细描述自己的过去成就，还经常把别人提到的事情与自己联系起来。如果有人提到最近心情低落，他会说："是啊，我最近心情也不太好，但我现在看起来还不错，对吧？我每天都摄入足够的营养，隔天去健身房锻炼……"

就这样，对方没有说话的机会，自然觉得无趣，便借故离开了……

在大多数情况下，对话的质量决定了人与人交流、互动的效果。选择一个好的话题，可以让人产生一见如故、相见恨晚之感；选择一个不合适的话题，会让人无话可谈，造成四目相对的尴尬局面。记住，一个好话题的标准是：至少有一方（最好是对方）熟悉并有兴趣，有展开讨论的空间。

那么，在与人交流时，如何把握找到好话题的分寸呢？可以参考以下建议：

1. 进行言语试探，寻找话题

两个年轻人坐在杭州某个车站的同一条长椅上。

"你好，请问你在哪一站下车？"其中一人问对方。

"我要到终点站。你呢？"

"我也是。你来杭州干什么？"

"我在杭州上学。你是本地人吧？"

"我不是本地人。我来杭州看女朋友。"

……

双方进行言语试探，都知道对方不是本地人，又对杭州比较熟悉。这样一来，共同点"杭州"就建立了起来，有了这个共同点作为支撑，共同话题也就顺势展开，二人聊得很投机，还约好下次一起去西湖游玩。

语言试探，可以从天气、家乡或服装等话题入手，因为这些话题不太可能触及敏感问题，所以对方也容易接受。

2. 借助媒介，引入对方感兴趣的话题

使用特定的物品或事件作为引发对话的媒介。例如，想认识坐在旁边看报纸的先生，可以以报纸为媒介，说："对不起，先生，我可以打扰您一下吗？您能告诉我今天报纸上有什么重要新闻吗？"这样就打开了双方的对话，再顺着对方的话语，找到对方感兴趣的话题。

3. 善于观察，找出对方在意的事物

比如，对方正在用手机给面前的咖啡拍照，这就表明他对摄影感兴趣。你可以以此为题，向对方表示也喜欢用手机拍照，并在适当的时机也拿出手机拍照，然后就照片如何取景、如何调焦距、如何放大或缩小等与对方交流，这样对方自然乐意与你交流。

在选择话题时，即使双方都感兴趣，有些话题也最好避免。例如，容易引发争议的话题；在公共场合，尤其是当事人在场时，避免谈论对方的缺点或私事；不要对自己不熟悉的事物装作很了解。总之，让对方感兴趣的话题，能在短时间内拉近与对方的距离，再在交流中拿捏好说话的分寸，便可以为接下来的交流开个好头。

找到谈话的切入点，才能引起共鸣

在某档相亲节目中，男嘉宾陶先生高大帅气，立刻吸引了众多女生的关注。陶先生对女朋友的要求标准并不单纯以外貌为前提，许多漂亮女孩主动接近他，结果却都无功而返。

这时，一位相貌一般名叫晓婉的姑娘，从容地对陶先生说道：“从您的语气和举止来看，您肯定是一位说到做到的人。”陶先生接过话题，回应道：“我平时工作很忙，时间观念很强，在做任何事情时，我的动作都比较快，连说话也是！”

陶先生的话音刚落，晓婉就给他的话捧了一把，说道：“成功人士大都是这样，您这么拼命肯定很累。”她的话一下子打动了陶先生，他有些不好意思地揉了揉眉头，回应道：“确实，最近公司的一些事情一直困扰着我。”

就这样，陶先生被晓婉的细腻和关心深深打动，瞬间对这个女孩产生了好感。两人顺利地牵手成功。

为什么那些漂亮女孩没有获得陶先生的青睐，反而让长相普通的晓婉占了先机呢？归根结底，那些女孩并没有找到陶先生所关注或感兴趣的话题。要是双方在交流中连最基本的共同话题都没有，接下来的沟通和了解又如何能进行呢？

反观晓婉，她掌握了表达的分寸，看似一句不经意的话，实际上背后却是细致入微的观察，巧妙地找到了与对方交流的切入点，从而打动了陶先生。

这也给我们一个启示：要想交谈顺利进行，可以像晓婉那样，不必通过具体的问题发问，而是通过概括或含糊的话题来激发对方的兴趣。例如，“以前”“您看起来很忙”“这样会很辛苦”等，这些内容并没有涉及具体的人或事，但对方仍会愿意顺着这些话题继续交谈。这样一来，对方就能“交代”出自己感兴趣的事情，同时会觉得你非常理解他，进而愿意继续交流。

杨娉是一家妇婴用品公司的销售员。一天，她到一个小区进行产品推销。刚走进小区，她就注意到长椅上坐着一位孕妇和一位老妇人。她装作随意地向旁边的保安询问：“那两位看起来像是一对母女，她们长得真像啊！”

小区保安回应：“是的，张夫人马上就要生宝宝了，她的母亲特意从老家过来照顾她。”

杨娴听后走到长椅旁，亲切地提醒孕妇：“您最好不要在这椅子上坐太久，外面有点凉，而且这椅子是石头的。现在您可能没什么感觉，但等生完宝宝就会觉得不舒服。”

说完，杨娴又转向老妇人：“现在的年轻人似乎不太在意这些，但有您的照顾会好很多。”

母亲显得有些抱怨，说：“是啊，我也提醒她不要老在外面坐着，可她总是不听。”

年轻孕妇显然不太在乎她们的劝告，说道：“哪有那么多讲究啊！”

母亲笑着回应道：“等你生完孩子就知道这些有多重要了！我当初怀你时也觉得没必要那么讲究，结果现在腰酸背痛不说，连抵抗力都下降了。”

杨娴见机立刻接着说：“没错！老人的话都是经验，还是要多听听。”

三个人从怀孕聊到生产，又谈到产后护理和身体恢复，再到宝宝的照料和营养，聊得非常投机，气氛也十分愉悦。最后，年轻孕妇才突然问：“你怎么知道这么多？从年龄上判断，也不像是生过孩子的呀。”

杨娴显得有些不好意思，羞涩地笑了笑，说：“我还没结婚，现在是一名推销员，主要做妇婴产品，平时非常关注这方面的知识，也向很多做妈妈的客户学习了不少经验。”

“原来如此。你具体是做什么产品的呢？我能用到吗？听你说得这么专业，你们的产品一定不错……”就这样，杨娴顺利地谈成了一笔生意。

无论是熟人还是第一次见面的陌生人，要使交谈顺利而愉快，关键在于找到谈话的切入点，从而产生共鸣。共鸣是双方初步交谈的桥梁，是深入交谈的基础，也是愉快交流的开端。一旦双方产生共鸣，谈话就会变得融洽和自然。

杨婻要是一开始就直接说“我是一家妇婴产品公司的销售员，从专业的角度来看，您坐在这样凉的长椅上对身体不好”，效果肯定会大不相同。对方可能只会把她当成一个推销妇婴产品的销售员，而不会视她为可以信赖的朋友。

生活就像一个万花筒，遇到的每个人都有自己的棱角和个性，这并不妨碍日常交际。只要能够找到共性，把温暖、关切传递到对方的心里，无论对方是谁，都能与我们产生亲近感。

那么，在与人沟通的过程中，如何把握好分寸，准确找到谈话的切入点呢？可以参考以下几点：

1. 要懂得察言观色，找准交流的切入点

一个人的心理状态、精神追求和生活爱好等，往往会在其表情、服饰、谈吐和举止中有所体现。只要善于观察，就能发现你们之间的共同点。

2. 主动联系，投石问路

与陌生人交谈时，可以先提出一些轻松的话题，起到投石问路的效果，逐步了解对方后再进行更深入的交流，这样会让谈话更加自然。例如，在聚会中旁边坐着陌生人，可以先问：“您是某某的同学还是同事？”无论对方与某某是何种关系，都会为后续的沟通提供话题。

3. 他人介绍，寻找共同点

中间人介绍新朋友给我们认识，介绍完后我们就要知道如何进行后续沟通。要是简单打个招呼就没话可说，很容易造成尴尬的局面，甚至让对方产生反感。实际上，从中间人的介绍中，可以了解到对方与主人的关系、各自的身份、工作单位，甚至个性特点和兴趣爱好。我们应当记住这些关键点，并注意寻找与对方的共同之处。

4. 即兴引入

巧妙地利用当时的环境、人物等元素作为话题引发交谈，是一种有效的交流技巧。有些人擅长借助对方的姓名、籍贯、年龄、服饰或居住环境等，灵活地引入话题，往往能取得良好效果。这种“即兴引入”法的优点在于灵活自然，能够即时从周围获取素材，但关键在于思维敏捷，能够进行联想和延展。

照顾对方的感受，可以达到互动的目的

为人处世时，一定要牢记“失意人前，莫谈得意事；得意人前，勿谈失意事”这句话。此语非常贴切地说明了与人交谈时要考虑对方的感受，不能随意说话，否则不仅达不到交流的目的，反而会引起对方的反感。

一个人请客，到了约定时间，很多客人还没到，主人很着急，说道：“为什么该来的客人还没来，真是的！”一些到场的客人听到后，心想：该来的客人没来，而我则是不该来的。于是，找借口离开了。

主人看到，接二连三走了几位，越来越着急，说：“怎么这些不该走的又走了呢？”剩下的客人听后，心想：走了的是不该走的，那我就是该走的。于是，又有几位相继离开。

最后，只剩下一位客人。主人的妻子见状，说：“你说话前应该认真考虑一下，否则说错了话，就无法收回来。”主人听后，一脸委屈的样子，说：“不是呀，我没有让他们走的意思！”最

后一个客人听后，心想：既然没有让他们走的意思，那该走的就是我。于是，站起身，头也不回地离开了。

这个故事告诉我们，说话要掌握好分寸，顾及对方的感受，随意说话会让别人感到不舒服。即使是亲密的朋友，说话也要注意分寸，不要口无遮拦，不考虑别人的感受。有些人之所以说话惹人烦，就是因为说话时不顾及别人的感受，不将别人放在心上。

当你看到身材肥胖的女同事，大声地问她：“嘿，你又长胖了吗？你老公都给你吃些什么让你变得这么胖？”这样说，你的同事肯定会对你不满，甚至可能会立刻与你翻脸。

当朋友刚失去亲人正处于悲痛中时，如果你不经意地说：“最近过得如何？开心吗？听说电影院上映了一部喜剧片，我们要不要一起去看？”这样说，这位朋友对你的印象肯定不会好。

在婚礼上，即使新娘穿着不太合适的衣服，有修养懂说话分寸的人也不会对着新娘直接指出毛病。如果你无视场合，同周围的人议论新娘的服装，说：“她的礼服剪裁还不错，但颜色选择不太合适……”这样说，不仅会让新娘不悦，前来参加婚礼的客人也会觉得你缺乏修养。

因此，在与他人交流时，应该运用同理心，考虑对方的感受，避免说出不合适的话。

那么，如何把握好考虑他人感受的分寸，实现有效互动呢？可以参考以下几点建议：

1. 说话要照顾对方的时间

你有时间侃大山，对方可能没有时间听或不愿意听。你的表达，取决于对方是否愿意听。与他人交谈时，考虑对方的感受并尊重对方的时间至关重要——无论对方空闲还是忙碌。要是对方很忙，时间很紧张，最好不要闲聊，直奔主题，简明扼要地进行表达。要是你没有察觉到并继续唠叨，不管对方是否已经在看表，都会引起对方的反感。不过，话又说回来，在一些需要发表见解和看法的场合，你惜字如金，半天说不出一句话，或者敷衍了事说几句，不免让人扫兴。总之，选择短小精悍、言简意赅，还是详细阐述，取决于听者的感受。

2. 说话要照顾对方的感受和选择适当的时机

一位老板正在与客户讨论生意。就在快要结束时，老板的朋友来了，并且绘声绘色地讲述刚才在街上看到的热闹事。老板不停地向朋友使眼色，意思是不要再说了。朋友却没有领会到其中的意思，依然说个不停。在这种情况下，客户显得有些不耐烦，对老板说："你先和朋友聊吧，至于合作的事情，我们改天再聊。"说完，便起身离开了。

在这个故事里，老板的这桩生意，因朋友横插进来，暂时搁置了。每个人都有表达的欲望，可以理解，在想表达时，如果不考虑对方的感受和选择适当的时机，会给对方造成麻烦，有时还会造成不必要的误会。

3. 即使是正确的话，也不要过度重复

如果有人每天都重复同样的事情，就是在抱怨；如果一个喋喋不休的父母，每天对孩子说同样的话，就是在唠叨；如果一个喜欢训话的领导，每天对下属重复同样的话，就是在说教……无论是谁，每天重复同样的话，即使是正确的，即使是事实，听者也不会同情或接受，只会厌烦或产生逆反心理。这是因为他们没有考虑到对方的感受，把对方的耳朵当成了垃圾桶，把毫无价值的废话倾倒其中。

4. 弦外之音更能让人接受

一位员工去老板家里请求帮助。老板的妻子热情接待了他，为他端茶倒水，让这位员工感到非常亲切，以至于他与老板聊个不停。这时，已经很晚了，老板的孩子明天还要上学，老板的妻子也已经很累了。然而，这位员工却没有任何停下来的迹象，继续兴致勃勃地说个不停。

此时直接要求他离开显然不合适。那么，在考虑到对方感受的同时如何达到目的呢？老板的妻子是这样做的：

她去厨房清理了一下果盘和餐具，然后回到客厅对老公说："他这么晚来找你帮忙，你快想个解决办法，别再让他等了，时间已经不早了。"接着，她对这位员工说："要不要再来杯茶？别着急。"这位员工理解到老板妻子话里的含义，立刻客气地告辞离开了。

与人交谈时，当不想再聊下去或不想再把时间浪费在无意义的聊天上，又不便直接下逐客令时，便可以说一些弦外之音。通常情况下，对方听后，必然会终止谈话，选择离开。

揣摩对方心思，巧妙引出话题

公元前757年，郑武公的夫人姜氏难产生下一个孩子，取名为寤生，姜氏非常不喜欢他。她的次子段，长得英俊潇洒，面色如粉，唇色如朱，深得姜氏的喜爱。姜氏多次向郑武公赞扬次子段的贤能，建议立他为继承人，郑武公坚决不同意，仍然坚持立寤生为世子。

武公去世后，寤生即位，是为郑庄公。一天，姜氏对郑庄公说："你继承了父亲的王位，享有数百里的土地，但你的弟弟却无处安身，你应该把一部分土地封给他。"郑庄公无奈，只得听从。于是，庄公把弟弟段封在京城（今河南新郑附近）。

段进宫向母后姜氏告别，姜氏趁机挑拨说："你哥哥并不关心你，对你不好，今天把你封为京城的共叔，是我多次恳求他才答应的。你到京城后，训练士兵，暗中做好准备，一旦时机成熟，我会帮助你取代寤生。”

后来，共叔段与母亲姜氏合谋篡夺权位，被郑庄公识破，共叔自杀身亡。郑庄公对母亲深感怨恨，并发誓说：“不及黄泉，无相见也！”

过了一段时间，郑庄公有些后悔，可是已经发了毒誓，怎能随便更改呢？

颍考叔，颍谷的一位贵族，以正直和无私而闻名。他看到郑庄公将母亲姜氏安置在颍地，并听到郑庄公发誓不到黄泉，决不见其母时，颍考叔告诉他人说：“即使母亲可能有错，儿子也不应如此冷酷无情。我要去劝劝他。”于是，颍考叔捕捉了几只鸮，假装是野味，献给郑庄公。

郑庄公问道：“这是什么鸟？”颍考叔回答说：“这是鸮。它小时候由母亲喂养，长大后却会吃掉自己的母亲。这是一种不孝的鸟，故而捉住并吃掉它。”郑庄公默默地听着。

就在这时，烹调食物的仆役送来蒸羊肉。郑庄公命人送一条羊腿给颍考叔，颍考叔精心挑选最好的肉，用纸包好藏在袖子里。察觉到异常，郑庄公问他在做什么。颍考叔说：“我家有位年迈的母亲。由于家境贫困，她从未享受过这样的美味，我打算带回去给她享用。”郑庄公叹息道：“你真是个孝子啊！”并深深地叹了口气。颍考叔问他为何叹息。

郑庄公说：“你对母亲如此孝敬令人敬佩，而我身为一国之君，却无法做到。”颍考叔假装不解，问道：“姜夫人不是健在吗？为何您不能履行作为儿子的职责？”郑庄公答道：“我曾发誓不到黄泉不见母亲，现在后悔已来不及。”

颍考叔有备而来，说：“这不难，我有一个办法可以让您与母亲团圆。您可以命人挖一条地道，当挖出泉水之后，您在地道中与母亲相见，如此一来就没人说您违背誓言了。”

郑庄公按照颍考叔的说法，立即派人挖了一条出现地下水的地道，直接通向母亲的住所。母子二人地道中相见，抱头痛哭，从此言归于好。这就是历史上著名的“掘地见母”故事的由来。

在这个故事中，颍考叔准确揣摩出郑庄公想念母亲的心思，以鸮食母、好肉献母为话题，刺激郑庄公想念母亲的心情，接着献挖地道的计策，帮助郑庄公达成见母愿望。颍考叔的高明之处，不是巧舌如簧，而是知道对方想听什么，才能水到渠成，引出话题。

隋唐时期，封伦就是一位善于揣摩对方心思的高手。隋朝灭亡后，封伦作为前朝旧臣归顺唐朝。

一次，封伦随唐高祖李渊微服私访，途中路过骊山，看到曾经气势恢宏的秦始皇陵墓经过楚汉相争后，留下一地残砖碎瓦，李渊感慨万千，说：“千古帝王，耗尽国家财力，修建如此大规模的陵墓，有什么意义呢？”

候在一旁的封伦听到李渊的话后，立即明白皇上的心思，即不赞成厚葬。封伦说道：“自古以来上行下效，秦汉两朝的帝王将相崇尚厚葬，上至朝中大大小小的官员，下至黎民百姓纷纷效仿，他们在坟墓里埋下大量的奇珍异宝，最后落到盗墓贼手中。人死后无自知，进行厚葬简直就是浪费；人死后要是有自知，知道陪葬品被后人盗掘一空，就会心疼不已。”

封伦的话，与李渊的想法不谋而合，对他大加赞赏，并昭告天下：“从今以后，我朝自上而下，实行薄葬。”

由此可见，有修养懂说话分寸的人，总能准确地揣摩出对方的心思，再结合所处环境等各种因素，做出灵活应对。毫无疑问，封伦就是一位揣摩心思的高手，抓住了李渊的想法——崇尚简约。他从这个角度出发，引出薄葬的话题，得到了李渊的肯定。

在为人处世中，揣摩对方心思，听出说话者的弦外之音，再巧妙地引出话题，能够使双方进行愉快的交流，从而达到互动的目的。也只有揣摩出对方的心思，才能做到说话有分寸，说对方想听的话；反之，交流无法同频，还会引起对方反感，难以达到预期效果。

合拍，越聊越畅快

说话是沟通的载体，说出的话是给别人听的，让对方愿意听、喜欢听是关键。要是对方在与你交流时感到很舒服、很融洽，你的每一句话都能引起对方的注意，整个沟通会在友好愉快的氛围中顺利进行，这无疑是成功的交流。那么，怎样才能达到这种状态呢？

答案就是合拍。这是与人交谈的一项重要技能，像音乐一样，合拍才能奏出和谐美妙的旋律；不合拍则会产生刺耳的噪声。心理学家理查德·班得勒曾说：“当你与一个人交谈时，你的目的不是仅仅传递信息，而是想要改变他。”

没错，的确如此。不过，在我们表达完之后，关键在于对方是否愿意接受我们的意思。换句话说，我们与对方沟通的目的是否能够实现？很多人认为只要把自己的意思说清楚了，沟通就达到目的了。实际上，沟通远不止于此。

在有修养懂说话分寸的人看来，真正意义上的沟通是彼此之间的交流。判断沟通是否成功、目的是否达成的标准，不在于你说了什么或表述是否清楚，而在于对方的反应。对方不认可你的话，即便你说得再优美动听，也将毫无意义。要让对方愿意听、喜欢听，必须从对方的角度出发，合对方的拍子。

那么，在交流过程中，怎样才能把握好合拍的分寸呢？可以参考以下建议：

1. 话题要合拍

当我们说话时，就像发射无线电波，而对方则像接收器一样接收这些电波。只有当我们的频率与对方的频率匹配时，他们才能接收并产生共鸣。因此，沟通中“话题的对接”原则意味着讨论对方感兴趣的话题。当对方对你所说的内容感兴趣时，沟通才能继续。要是对方在你热情洋溢的讲述中仍然想着“这跟我有什么关系”，那么，这就意味着交流的失败。“酒逢知己千杯少，话不投机半句多”说的就是这个道理。

2. 语调要合拍

想象一下，两个交谈的人——一个冷静从容，另一个急躁匆忙；一个气定神闲，另一个易怒不安——会是什么结果？肯定会早早地结束，并且不愉快地收场。夸张一点说，要么是急躁的人把冷静的人逼疯了，要么是悠闲的人让不耐烦的人生气。原因在于当他们的语调不合拍时，很难坐在一起交谈下去。真正的交流需要语调、音调、语速和音量等相匹配。

3. 身体语言要合拍

几乎每个人都知道，微笑是良好沟通的必杀技，能在潜移默化中影响一个人的心情，让对方的心情被微笑感染。但微笑也不能不分场合，若对方面露愁容，语气充满沮丧，看上去像遭遇挫折或打击一样，这时你继续带着笑容，用热情洋溢的口吻与对方说话，对方会是什么感受？对方恐怕会这么想：“我正难受着呢，看把你美的，难道这是幸灾乐祸吗？”当察觉到对方的心情不好时，要及时调整自己的身体语言，用相对严肃的表情与对方交流。如此一来，对方的感受可能会好很多，觉得你是有同理心的人。

4. 思想观念要合拍

每个人都拥有自己的思想观念，通常称为价值观。基于思想观念，个体会在潜意识中给自己建立一系列的条条框框，约束自己的行为举止，这是根深蒂固难以改变的。在与他人交流的过程中，充分尊重对方的思想观念，避免挑战或强加自己的观念给对方。如果不这样做，可能适得其反，导致对方反感和抵触。因此，与人交谈时，要本着求同存异的原则，尽量向合拍的地方靠近，尊重对方与自己不一样的观念。

例如，当与对方的观念发生分歧时，立即断言“你错了”或“你怎么能这样想”是完全不合适的。这样的回应，可能导致对方不愿与你继续交流。记住，我们的目标是与他人的思想观念合拍，而不是制造不和谐。

针对这种情况，该如何说呢？可以说“原来还可以从这个角度看待问题，这也很有意思”，或者“你是这样看待这个问题的吗？我之前没有考虑到这些方面”。通过这种回应，我们展示出对对方观点的尊重，而不是急于强加自己的价值观或改变立场。这样做，既体现出高超的沟通技巧，也显示出对对方的尊重。

5. 风格要合拍

写作有风格，说话是否也有风格呢？当然有。在与人交流中，应该在词汇选择、句子结构以及其他风格方面与对方保持一致。

如果对方说话逻辑清晰、条理分明，那么他很可能是一个逻辑思维型的人。这类人思维缜密，对事物有独到的见解。与这类人交流时，最好全神贯注，交谈时做到有条不紊，避免急躁、肤浅或冗长的表达方式。

如果对方在言谈中情感丰富，频繁使用形容词，喜欢表达感受，并生动描述事物，那么他们很可能是一类形象思维型的人。与这类人沟通时，使用生动且富有表现力的语言或直抒胸臆的语句，避免讲枯燥的道理，他们可能不会听下去。

快速打动人心，具有“杀伤力”的问题应该这样问

意大利的奥利维亚·法拉奇，是一位富有传奇色彩的女记者，被新闻界誉为“采访女王”。在采访过程中，她思维敏捷、言辞犀利，特别是她的“海盗式”提问，给人留下了深刻印象。

有一次，她采访基辛格，想让基辛格谈谈对南越的看法，基辛格心知肚明，力图避开这个话题。于是，就有了下面这段经典对话。

法拉奇问：“基辛格博士，假设我现在用枪指着您的太阳穴，命令您在黎德寿和阮文绍之间，选择一个共进晚餐的人，您会选择谁呢？”

基辛格回答：“很抱歉，我不能回答你这个敏感的问题。”

法拉奇说：“您不回答也没关系，我可以替您回答，我想您愿意与黎德寿一起共进晚餐，对吗？”

基辛格回答：“不、不……这不是和谁一起共进晚餐的问题，我根本就不想回答你这个问题。”

法拉奇问：“既然您不愿意回答，我也不会强迫您，您喜欢黎德寿吗？”

基辛格回答：“他是个不错的人，我承认我对他有好感。”然后，基辛格谈到他对黎德寿的看法。

法拉奇问：“那么，您和阮文绍的关系，您能像评价黎德寿

那样来评价他吗？”

基辛格回答：“当然可以。我和阮文绍过去的关系的确很好。过去……”

法拉奇问：“对了，我想起来了。据我所知，过去南越人说您和他相处的时候，根本不像朋友。您想亲自告诉我，他们的评价是错误的，对吗？”

基辛格回答：“关于我和阮文绍的关系，过去和现在的确有所不同。我想说的是，我和阮文绍像盟友一样相互支持。”

采访到这里，法拉奇已从基辛格那里得到了她想要的答案，达到了自己的采访目的。

在这段引人入胜的对话中，当基辛格不愿直接回答问题时，法拉奇运用假设法提出问题，然后对问题进行合理推理，逐步深入，引导基辛格表达观点，最后迫使基辛格就南越问题表达了自己的看法。

有修养懂说话分寸的人认为，要想从对方口中得到自己想要的信息，提问缺乏新意或过于乏味，对方就没有兴趣与你交谈下去。所以说，提问需要技巧，平淡无奇的提问方式，根本起不到任何作用，唯有具有“杀伤力”的问题，才能攻入对方的内心。

那么，要想通过提问达到自己的目的，该如何把握好分寸呢？可以参考以下建议：

1. 开门见山，直接明了

所谓开门见山，就是直接清晰地提出一个能够吸引对方注意力的问题，这样的话，对方对你的问题感兴趣，愿意与你交流下去，你便达到了目的。

张彬去一家知名企业面试，见到面试官后，说：“对于贵公司来说，一年节省 10 万元以上的成本重要吗？”得到面试官的肯定回答后，他再展示自己的能力：“我在研究生阶段的主要研究方向就是节能效应，如果我有机会加入贵公司，我的专业技能一定能为贵公司节省成本。”如此具有吸引力，面试官岂肯放过这样的人才，张彬求职成功。

2. 攻其不备

首先需要明确自己的目的是什么，然后通过提出问题让对方做出选择，而不是一开始就展示自己的立场。接着，根据已经准备好的策略向对方进行提问。面对突然的提问，对方通常没有准备，如果再加上友好、耐心、积极的引导，被拒绝的可能性就会大大降低。

小李推销某件商品，面对客户时，不直接问：“您想试试我们的产品吗？”这样直接的话语可能会让客户立即离开。他是这样问的：“先生，您好！您有没有使用过最节能的冰箱？”客户听了小李的话，挺感兴趣，停下脚步，小李继续说：“您可以试试这款节能冰箱的效果。”然后再向客户介绍并展示产品的功能。这样的方式，更能吸引客户的注意力。

3. 抛出诱饵

采用这种策略的核心是激发对方的好奇心，然后提出接下来的问题。但是，问题不能引起对方的反感，同时也不要让对方看穿你的花招。

女儿希望妈妈为她购买一件新的衬衫，她这样说：“妈妈，学校即将举行运动会，您认为我有能力去竞选班级领队吗？”为了鼓励女儿，妈妈会给出肯定的答复。此时，女儿提出请求：“可是，我还缺少一件适合领队身份的衬衫，毕竟领队是代表整个班级的形象。”考虑到实际情况，妈妈同意了女儿的请求。

4. 拆分问题，层层深入

使用这种策略需要将大问题拆解为多个小问题，每个小问题都有其明确的目标。当你提出的每个问题都得到预期的肯定回答，则意味着你成功了。这些小问题的设计必须逐层深入，这就需要你具备清晰的逻辑思维能力和准确的判断力，能够引导对方按照你的思路进行回答。

刘叶是一家广告公司的策划人员，为公司的某个产品制定了一个详细的策划方案，并提交给总监。

她向总监问道："总监，我查看了公司最近的财务报告，我们去年的业绩似乎不如以往，对吗？"

总监点头回答："是的，与前几年相比，确实有所下滑。"

刘叶再次提问："您认为我们的广告文案是不是缺乏新意，客户无法看到我们的改变？"

总监回答："确实有这个问题，总经理在会议上也提到了这个问题。"

刘叶继续提问："现在的策划方案很多，如果有一份充满创意的策划方案，您会优先考虑吗？"

总监回答："当然，非常欢迎充满创新的策划方案。"

刘叶说："总监，这个策划方案请您审阅。"

总而言之，面对比我们优秀的人士或有求于对方，用向对方提问的方式达到目的，需要我们随机应变。当然，要点"小心机"要掌握好度，千万别弄巧成拙，被对方识破，否则对方会认为你为人不诚实，不愿与你继续交流下去。

会倾听，情感才能升温

有修养懂说话分寸的人认为，倾听是一种礼貌，是对说话者的尊重，是对说话者的高度赞扬，更是对说话者最好的恭维。倾听可以让别人喜欢你、信任你，愿意与你互动。

汽车销售员乔·吉拉德被誉为“世界上最伟大的销售员”。他曾经说：“世界上有两种极其强大的力量：一种是倾听，另一种是微笑。你倾听的时间越长，别人就越愿意接近你。从我的观察来看，有些销售员说话太多，结果他们的业绩平平。为什么上帝给我们两只耳朵和一张嘴？我相信这是让我们多听少说！”

当然，乔·吉拉德并非天生就知道这些，由于他曾不理解倾听的重要性，曾在销售过程中付出过惨重的代价。

推销汽车并不是一件容易的事。一天，汽车销售店里来了一位客户，乔·吉拉德花了近一个小时的时间才说服客户决定购买一辆车，然后他所要做的就是带领客户走进他的办公室，签下买卖合同。

当他们向办公室走去时，客户开始谈论自己的儿子。“乔，”客户骄傲地说，“我的儿子被普林斯顿大学录取，并且还是医学专业，将来他会成为一名医生。”

“那太棒了。”乔·吉拉德回答道。

两人继续向前走，乔·吉拉德没有看着客户，而是把目光投向其他客户。

“乔，我的孩子很聪明，对吧？当他还在襁褓中时，我就发现他非常聪明。”

“他的成绩一定很好，对吧？”乔·吉拉德一边回答，眼睛一边向四处看。

“是的，他是他们班级中成绩最好的。”

“他高中毕业后，打算做什么呢？”乔·吉拉德心不在焉地问道。

客户有些纳闷，说：“乔，我刚告诉过你，他去大学学医，将来会成为一名医生。”

“哦，那太好了。”乔·吉拉德说。

那位客户看了看乔·吉拉德，发现乔·吉拉德并没有认真对待他的话，于是他说“我该走了”，然后走出汽车销售店。乔·吉拉德呆呆地站在原地。

下班后，乔·吉拉德回家反思一天的工作，总结自己做成的交易和失去的交易，并分析失去客户的原因。

第二天上午，乔·吉拉德一到办公室，就给昨天的那位客户打电话，诚恳地说道：“我是乔·吉拉德，希望您能过来，我有一辆性价比高、性能好的车推荐给您。”

“哦，世界上最伟大的销售员，”客户说，“我想让你知道，我已经从别人那里买了一辆车。”

“是吗？”

“的确如此，我从那个欣赏我的推销员那里买的。乔，当我提到我的儿子，并为我的儿子骄傲时，他听得非常认真。”客户稍作沉默，接着继续说，“你知道吗？乔，你没有听我说话，对你来说，我儿子是否能成为医生并不重要。你真是个笨蛋！当别人告诉你，他们的喜好和厌恶时，你应该倾听，而且必须全神贯注地倾听。”

从那时起，乔·吉拉德就开始专心倾听别人的话。很快，许多客户喜欢上了他，并愿意从乔·吉拉德那里购买汽车，因为他给人一种值得信赖的感觉。正是他善于倾听，服务热情周到，业务能力强，后来乔·吉拉德成了世界上最伟大的汽车销售员。

每个人都希望获得尊重并受到他人的重视。当专心倾听他人说话时，对方必然会感受到被尊重和重视。这种情况下，双方的距离在潜移默化中就会被拉近。

倾听是一项重要的沟通技能，它不仅能增进人际关系，还能帮助我们更好地理解他人。在倾听的过程中，掌握好分寸至关重要，既要积极倾听，又要避免过度干预，保持适当的距离感和尊重。

那么，在与人交流的过程中，怎样才能把握好倾听的分寸呢？可以参考以下建议：

1. 明确倾听的目的

在倾听之前，首先要明确自己的目的，是为了理解对方的感受，还是为了获得信息？不同的目的会影响你的倾听方式。如果你是为了理解和支持对方，那么需要更多的耐心和情感共鸣；如果是为了获取信息，需要更专注于内容。

2. 保持开放的态度

倾听时，要保持开放的心态，避免带有偏见和预设立场，这样可以让对方感到被尊重和理解，从而更愿意分享他们的想法和感受。使用肢体语言，如点头和眼神接触，可以传达你对他们所说内容的关注。

3. 适度反馈

在倾听的过程中，适度的反馈非常重要。简单的“我懂了”或“是这样吗？”可以让对方知道你在认真听。如果对方分享的是情感问题，适当的共情表达，如“我能理解你的感受”，会增强他们的信任感。然而，避免频繁打断或过多评论，以免让对方觉得你在主导对话。

4. 尊重对方的空间

倾听并不意味着完全投入对方的话题中，也要留有适度的个人空间。尊重对方的界限，避免过于深入探讨他们不愿意分享的私事。如果对方显得不舒服，及时调整话题或者给他们一些空间，让他们自己选择分享的内容。

5. 控制自己的情绪

倾听时，我们的情绪状态也会影响对方的表达。保持冷静和客观，避免因对方的情感波动而感到不安或产生负面情绪。适时地调整自己的情绪，能够让对方在交流时感到更加舒适，从而更愿意表达真实的自己。

6. 注意倾听的时机

并非所有时刻都是倾听的最佳时机。在对方情绪激动或紧张的时候，可能需要先给他们一些时间冷静下来，待他们情绪稳定后再进行深入交流。此时可以用简短的安慰语句，如“我在这里听你说”，让对方感受到你的支持。

7. 适时引导对话

在某些情况下，倾听者需要适度引导对话，帮助对方整理思路。可以通过开放式问题鼓励对方深入表达，如“你觉得这个事情对你有什么影响？”这样不仅能让对方更好地表达自己，也能确保对话的方向有助于双方的理解。

8. 尊重结束

在对话即将结束时，可以给予对方总结的机会，询问他们是否还有其他想法需要分享。同时，表达感谢，感谢对方的分享和信任，这样可以加强彼此的关系。比如：“感谢你今天和我分享这些，我很珍惜我们的对话。”

9. 反思与总结

倾听之后，不妨花些时间反思这次交流的过程。可以思考：自己在倾听中表现如何？有没有哪些地方可以改进？这样的自我反思可以提升自己的倾听能力，帮助我们更好地处理未来的交流。

第三章

方式：为人处世中，一开口你就与众不同

交流的目的就是让对方认同自己的话，这就要求我们把话说进对方的心坎儿里。其实，表达的方式多种多样，无论哪种表达，一定要注重方法。方法对了，对方自然乐意听；方法错了，很容易祸从口出，既伤害对方又伤害自己。

赞美是世界上最动听的语言

美国著名的心理学家威廉·詹姆士说：“人类本性上，最深企图之一是期望被赞美、钦佩、尊重。”渴望称赞是每个人内心的一种基本愿望。因此，为人处世中要想在善意和谐的气氛中谈得尽兴，就应该去寻找别人的价值，并设法告诉他，让他觉得那个价值实在值得珍惜，这样我们便等于扮演了一个鼓励他、帮助他的角色，这自然就会迎来他的真心回馈。而在为人处世中，是否能恰当地赞美他人，已成为衡量一个人交际水平高低的标志之一。同时，赞美他人，也能为自己树立起一个开明的、善于与他人合作的形象。

屠格涅夫是俄国著名的作家，爱好打猎，有一次，他在打猎时无意间拾到一本杂志，这本杂志叫《现代人》。出于好奇，屠格涅夫翻了几页，哪知道，他被其中一篇题为《童年》的小说深深打动了。看完这篇小说之后，屠格涅夫发现作者竟是个不知名的人，他非常想向作者表达自己的赞赏。于是，他四处打听作者的住处，最终，他得知作者是跟随其姑妈一起生活的。经过一番询问，屠格涅夫终于找到了作者姑妈的家。当时，那个年轻作者不在家，屠格涅夫就向他的姑妈表明了身份，并由衷表达了自己对于这个年轻人的喜爱。

年轻作者的姑妈没想到自己侄儿的作品居然能得到大作家屠格涅夫的欣赏，她很快写信告知自己的侄儿说：“你的小说《童年》引起了很大的轰动，大作家屠格涅夫说你写得很好，他逢人就称赞你，还说你前途无量！”

年轻作者收到信之后，也非常兴奋，这是多么令人欣喜的赞赏啊！他写作的时候，并没有想到自己能够有什么样的前途，只是打发内心的苦闷而已。现在不同了，大作家屠格涅夫看重自己，认为自己写下去会有一番作为！这样的赞赏令他迸发出了自信和热情，他的创作冲动一发不可收。最终，这位年轻人成了一颗无比耀眼的文坛巨匠，他就是大文豪列夫·托尔斯泰。

每个人都希望别人能肯定自己，得到赞美，所以赞美会给人以力量。有修养懂说话分寸的人提醒我们，在生活和工作中，要学会赞美自己的伙伴，赞美自己的下属，帮他们加油打气，这样的话，我们周围的人才能更加优秀，我们自己也能够在这样的环境下变得更加优秀。

秦国有一位才华横溢、口才出众的人叫钟祺。一天，他被召入宫与秦王讨论国事，结果把秦王批评了一通。

秦王大怒，心想："你怎么可以无视我这样一个威严的君主。"

然而，钟祺毫不理会，冷静地离开宫殿。秦王愤愤地宣布："我发誓除非将那个恶棍处死，否则我心永不安宁。"

回到家后，钟祺意识到秦王不会善罢甘休，便请一位朋友代他向秦王求情："钟祺确实有些粗鲁，幸运的是他遇到一位圣明的君主，大王您没有责备他。如果他面对像夏桀或商纣那样的暴君，早已被当场处死了。我打算将此事传播开来，让大家都知道大王对有德之士的宽宏大量。"

秦王顿感欣慰，说道："先生过奖了。钟祺的话确有道理，我必须奖励他。"

钟祺的才智在于坚守原则的同时，深谙如何在危险局势中运用赞美之词来避免灾祸。秦王听到钟祺朋友的赞美之言，心头的怒火也就消散了，不仅不责备钟祺，反而还认为他的话有道理。

那么，在与人交流中，如何把握好赞美的分寸呢？可以参考以下建议：

1. 直接赞美法

直接夸奖是最常见的赞美方式。1987 年 4 月，演员欧阳奋强在香港参加电视剧《红楼梦》的首映式。当他走进机场休息室时，亚洲电视台著名演员方国姗热情地向他打招呼："您就是欧阳奋强先生吧？我叫方国姗，他们都说我长得像您。"欧阳奋强幽默地回应道："方小姐比我漂亮多了。"旁边的艺术领班高先生也打趣道："方小姐可是香港的贾宝玉啊。"这样的赞美自然又贴切，迅速拉近了彼此的距离。

2. 反向赞美法

反向赞美法是一种巧妙的技巧，将指责转化为赞美。世界著名企业家洛克菲勒就曾运用这种方法。一次，公司职员艾德华·贝佛在南非处理业务时出现失误，损失 100 万美元。洛克菲勒没有责备他，而是找到他值得赞扬的地方，表扬贝佛，成功保全了 60% 的投资。这种赞美方式让贝佛感到受到认可，并激发了他更加努力工作的热情。

3. 意外赞美法

意外赞美通常会带来惊喜。比如，丈夫下班回家后，看到妻子已经准备好晚餐，称赞她为家庭付出的辛劳；老师发现学生把教室打扫得非常干净，即使这是学生的责任，也应给予表扬。尽管这些赞美看似平常，但因其出乎对方意料，常常会让对方感到愉悦。卡耐基在《人性的弱点》中提到，他曾在邮局遇到服务态度不佳的办事员时，出其不意地赞美了办事员的头发，结果办事员脸上露出微笑，服务态度也变得热情了许多。

4. 肯定赞美法

人们普遍有渴望得到认可和赞美的心理需求，尤其是在一些特殊时刻，如在人多时说了句俏皮话、在报纸上发表了文章、成功完成了论文，或在长期努力后通过了项目评审等。此时，适时给予真诚的肯定性赞美，能够让被赞美者感到极大的欣慰和满足。

5. 目标赞美法

在赞美他人的同时，为他们设立一个目标，能够帮助他们坚定信念并为之奋斗。足球教练文斯·伦巴迪便是一位擅长使用这一方法的传奇人物。在训练时，他发现球员杰里·克雷默表现出色，极具潜力。他对克雷默寄予厚望，并告诉他："有一天，你会成为国家队的最佳后卫。"克雷默后来果然成为国家队的主力队员。克雷默回忆说，伦巴迪的鼓励对他的职业生涯产生了深远的影响。

恭维对了，你将有意想不到的收获

人性中有一种心理特征，就是渴望被人恭维。这种渴望不仅仅是愿望、欲望或希望，而且是强烈的被认可的需求。有修养懂说话分寸的人认为，恭维他人不仅能增进感情，也会对自己产生积极的影响。要想让对方接受你的观点或想法，首先必须让对方愿意倾听你的想法。倘若对方连听的欲望都没有，又怎谈得上接受呢？为了让对方愿意倾听，关键在于避免引起反感。在这种情况下，恭维的话语就能发挥重要作用，既能赞美他人，又能帮助自己达到目的。

"汉初三杰"之一的韩信，年轻时曾遭受"胯下之辱"。后来，他追随汉高祖刘邦征战四方，屡次取得辉煌战绩，因此有人说："要是没有韩信，汉高祖的统一大业根本无法实现。"正因如此，汉高祖对韩信日益增长的实力感到畏惧，于是开始寻找借口，企图以谋反的罪名将韩信捕杀。

当时，韩信并没有极力为自己辩护，只是感叹道："果然如人们所言：'狡兔死，走狗烹；飞鸟尽，良弓藏；敌国破，谋臣亡。'我韩信今天也难逃被杀的命运！"

刘邦听后，认为韩信是开国的第一功臣，不应轻易处决，决定将他从王爵降为侯，暂时搁置此事，以观察后续发展。

韩信被降级后，心中愤懑，整日郁郁寡欢。这时，久未谋面的二人，终于有了面谈的机会。韩信本就擅长恭维，趁机适时把刘邦恭维了一番，结果成功赢得了刘邦的信任。

两人从将士开始谈起，但见解却有所不同。刘邦问韩信："你认为我有统率几万大军的能力？"

韩信回答："我认为陛下最多只能统率十万大军。"

刘邦又问："那你呢？"

韩信微微一笑："我当然是多多益善！"

刘邦也笑着问："你为什么会为我所用呢？"

韩信听后，巧妙地恭维道："原因很简单，陛下虽然没有'将兵'之才，却具备'将将'之才。我之所以能被陛下重用，正是因为这一点。而且，陛下的这种本能是与生俱来的，普通人是无法具备的。"

韩信的恭维手法可谓高超，刘邦当时被恭维得心满意足。至于刘邦具体如何回应，史书中并没有详细记载，但从后来韩信的复出可以推测出，他的表现赢得了刘邦的认可。

有位性格高傲的经理，平常让人难以接近。一位外地来的业务员听闻此事，见面时微笑着递上一支烟，说："我一进门就听说您是个爽快的人，办事认真，对外地人特别关照。我一听，真是高兴！我特别喜欢和这样的领导共事，真痛快！"经理的脸上立刻露出笑容，接下来谈正事，外地业务员达到了自己的目的。

这位业务员的成功关键在于开头的几句恭维。这样一来，对方就不好意思对一个恭维自己的人冷漠了，在维护自我形象的驱使下，变得和蔼可亲。

有修养懂说话分寸的人指出，每个人在生活或工作中都可以恭维他人，做到恰到好处则需要技巧。说恭维话时，特别要考虑对方的职业和兴趣爱好，这一点尤为重要。能够做到这一点，你与他人的良好沟通就会建立在坚实的基础上。

那么，在与人交流的过程中，如何把握好恭维的分寸呢？可以参考以下建议：

1. 了解对方

在恭维之前，首先要对对方有一定的了解。不同的人对恭维的接受度不同，有些人可能更喜欢直接且真诚的赞美，而有些人则可能会对浮夸的赞美感到不适。了解对方的个性、职业背景和兴趣爱好，可以帮助你找到更合适的切入点。例如，如果对方是位艺术家，可以恭维他们的作品；如果对方是公司高管，可以赞美他们的领导能力。

2. 保持真诚

真诚是恭维的核心。虽然恭维话的本意是为了赞美他人，但如果缺乏真诚，恭维就会显得虚假和做作。要确保你所说的赞美是基于对方真实的优点或成就，而不是随便编造的。在交流中，真诚的态度会让对方感受到你的诚意，从而更容易接受你的恭维。

3. 适度而不过度

恭维的程度要适中，过度的恭维可能会让对方感到不适。例如，如果你在第一次见面时就极尽赞美之词，可能会让对方觉得你在故作迎合。相反，适度的恭维能让对方感受到你的欣赏，同时也保持了一定的距离感，这样会更有利于关系的发展。

4. 选择合适的时机

恭维的时机也非常重要。在合适的时机给予恭维会使其更具价值。例如，在对方完成一项重要的工作后，及时给予赞美会让对方感受到你的认可与支持。而在对方情绪低落或处于压力之中时，不妨稍微收敛一下，不要强行恭维，以免让对方觉得不自然。

5. 注意语气和肢体语言

恭维不仅仅是言语的表达，语气和肢体语言同样重要。用真诚且温和的语气表达赞美，配合适当的眼神交流和微笑，能让恭维更加生动和真实。相反，生硬的语气或缺乏眼神交流可能会使你的恭维显得不够真诚。

6. 听取对方的反馈

在恭维之后，要注意观察对方的反应。如果对方表现出愉悦或认同的态度，说明你的恭维达到了预期效果；如果对方表现出不安或尴尬，那么可能需要调整你的沟通策略。这种反馈机制能够帮助你更好地理解对方的感受，并及时调整你的恭维方式。

7. 适当分享自己的感受

在恭维他人的同时，适当分享自己对他们的欣赏或感受，可以加深交流的深度。例如，你可以说："我真的很佩服你处理这个项目的方式，这让我想到了我在类似情况下的挑战。"这种分享不仅表达了对对方的赞美，也让交流更加真实。

8. 避免明显的利益关系

在职场中，恭维往往与利益挂钩，可能让人产生怀疑。因此，在与上司或同事交流时，尽量避免过于明显的恭维，特别是那些显得过于讨好的赞美。保持一种平衡，既能表现出对他人的欣赏，又不至于让对方觉得你在寻求利益。

对待吃软不吃硬的人，要把软话说到家

生活中有一类人看似强硬，实际上是自尊心较强。与这类人交往时，以强硬的态度回应，往往会让对方感到失面子。而有修养懂说话分寸的人，在面对这样的情况时，通常会选择示弱的方

式，从而赢得对方的认可和理解。

亨利·福特是汽车行业的巨头，由于业务量大，他的办公桌上每天都会堆满各种催款账单。通常情况下，福特会将这些账单交给经理处理。

这天，福特看到一张催款账单，毫不犹豫地对经理说："立刻支付。"经理感到很奇怪，就去查看这张账单。初看之下，这张账单与其他账单并无二致，都有标价、金额和货物明细等信息，但仔细一看，账单上还画着一张流泪的头像。

实际上，大家都明白，这个催款人并非真的到了非得用钱不可的地步，这不过是他的小计谋，旨在引起对方的重视或博取同情。事实证明，这种方法确实取得了效果。

同情弱者是人的天性，哪怕是再冷酷无情的人，内心也藏有同情的种子。对于那些习惯吃软的人，这种策略尤其有效。有修养懂说话分寸的人指出，在与他人博弈时，可以利用这一心理特征，适当地示弱，让对方放松警惕，然后再提出自己的要求，这样实现目标就会容易得多。

有位精明的皮革商人，特别擅长卖皮鞋。在同一时间内，其他人只卖出一双，他往往能卖出好几双，同行们对此感到十分惊讶，想向他请教。没想到他只简单地说了五个字：要善于示弱。

这五个字让大家感到困惑，他解释道："你们有没有注意到，有些顾客在店里选鞋时，往往不会直接试穿，而是先东挑西选，发表一些负面的评论，仿佛他们是设计师或专家。其实，客户只是希望在找到合适的鞋子时能与卖家讨价还价，最终以便宜的价格买到产品。这个时候，我们不能打击顾客的兴致，而应该顺应他们的思路，多加赞美，称客户很会挑选鞋子，承认自己的皮鞋确实有些不足之处，如款式可能不够新颖，但绝对是经典；鞋底不能踩出响声，但非常柔软舒适等。换句话说，不应把自己的产品贬得一无是处。指出鞋子的一些优点，正是顾客心仪的地方，这样能够引起客户的兴趣。毕竟，他们花这么多精力和时间来挑选，说明客户很喜欢这双鞋子。善于示弱，满足客户的挑剔心理，生意自然就容易成了。”这就是他卖鞋的独特秘诀。

这位商人之所以生意兴隆，正是因为他抓住了客户爱挑剔的心理，懂得适时示弱。当客户对鞋子挑剔时，其实是在认可鞋子的某些优点。如果我们对客户的挑剔采取反驳的态度，试图证明鞋子的优越性，虽然可以保住鞋子的名声，但是可能会失去一位潜在客户。

示弱不是装可怜，而是硬话软说。那么，在交流中，遇到吃软不吃硬的人，如何把握好说软话的分寸呢？可以参考以下建议：

1. 理解对方的心理

首先，了解吃软不吃硬的人的心理特点非常重要。他们往往希望在交流中得到认可和尊重。理解这一点，可以帮助你在交流时更好地调整自己的表达方式。避免直接的批评和强烈的要求，而是通过积极的语言引导对方。

2. 采用恭维的开场白

在开始交流时，可以用一些恭维的语言来打破僵局。例如：“我很欣赏您在这方面的专业知识。”这样能够让对方感受到被尊重，进而放下戒备心，更愿意倾听你的意见。

3. 使用“我”的语言

在表达观点时，使用“我”的语言而非“你”的语言，可以减少对方的防备。例如，可以说：“我觉得如果我们能这样做，可能会更有效。”而不是“你应该这样做”。这种方式更能引起对方的共鸣，也让他们感受到你的善意。

4. 控制语气与肢体语言

语气和肢体语言在交流中占据重要地位。保持温和的语气和开放的肢体语言，如微笑和适度的眼神交流，可以让对方感受到你的友好和真诚。避免交叉双臂或用力的手势，以免给人强势的感觉。

5. 适当示弱

适当的示弱能够让对方感到舒适，并更愿意与之交流。例如，在讨论某个问题时，可以承认自己在某些方面的不足或错误，这样可以拉近距离，使对方愿意分享自己的看法。

6. 注重倾听

在交流中，倾听是至关重要的。认真倾听对方的意见，表现出对他们观点的尊重。在他们表达时，适时地点头或用简单的语言表示理解，如“我明白您的意思”。这种积极的反馈能够增强对方的安全感。

7. 给出建设性建议

在交流过程中，若需要提出建议，要确保建议是建设性的，而非批评性的。例如，转述自己的观察：“我注意到这个方法很有效，但如果我们尝试另一种方式，可能会有更好的效果。”这种方式能让对方感受到尊重，也更容易让对方接受你的建议。

8. 重视情感因素

在与吃软不吃硬的人交流时，情感因素同样重要。可以通过分享自己的经历或情感，拉近彼此的距离。例如，分享你在类似情况下的感受，表明你理解他们的处境，这样能够增加交流的深度。

对待吃硬的人，不要对他太客气

我们常常会遇到一些看似弱小的人，他们似乎总是需要他人的帮助，但千万不要被他们的外表迷惑，这种行为往往是“扮猪吃老虎”。你若心软，对方很可能会反过来利用你。有修养懂得说话分寸的人，遇到这类人时，通常会采取坚定的态度，不会对他们太客气。

张晖在某市担任特种原料销售员，他的产品在市场上非常畅销，因为在该市和周边地区，他所在的公司是该原料的唯一供应商。要是客户选择其他公司的产品，就需要耗费大量的人力、物力和财力去邻省采购。尽管公司在这一领域占有优势，张晖仍然以良好的态度对待客户，与客户的关系一直很好。然而，有一次，张晖在催款方面遇到一些困难。

客户是该市一家具有影响力的公司，该公司收到原料已经很长时间，而尾款迟迟未到账。为此，公司派张晖前去催款。在与对方公司的经理见面后，张晖说道：“王总，咱们合作已经四五年了，一直很顺利，贵公司也非常认可我们供应的原料。贵公司之所以得到市场认可，与我们提供的原料有很大的关系。若继续拖延尾款，会对贵公司的声誉有所影响。此外，要是贵公司选择不与我们合作，寻找其他供应商，成本会非常高，尤其是运输费用，可能会超过这笔尾款。”

张晖的这番话句句在理，让对方的经理感到意外，只能点头同意，承诺会按时支付尾款。

从这个案例可以看出，这位拖欠款项的客户确实是个难对付的对象。不过，销售员张晖明白，对方是个吃硬的人。他的这番话直击客户的痛点，与尾款相比，客户更关注自身的信誉、在消费者心中的形象与口碑，以及原料采购的成本等。经过权衡，客户最终做出正确的决定。

与吃硬的人交往时，沟通时需要展现出一定的强势。这就要求我们在表达时，要有理有据，言之成理。

那么，在与吃硬的人交流时，如何把握好说硬话的分寸呢？可以参考以下建议：

1. 了解对方的性格

与吃硬的人沟通前，首先要了解对方的性格特点。他们往往比较坚持自己的观点，不容易妥协。了解对方的背景、价值观和需求，有助于你制定更有效的沟通策略。

2. 明确沟通目的

在交流之前，明确你的目标是什么。你是催款、解决问题，还是推动合作？明确目标可以帮助你在表达时更具针对性，从而增强说话的力度和说服力。

3. 准备充分

在与对方交流前，准备相关的事实和数据支持你的观点。例如，若是催款，准备好合同细节、历史交易记录等。充分的准备可以让你的说法更具权威性，同时也能增强你的信心。

4. 语言干脆，当机立断

你在与对方说话时，应该树立自己的威信。对于自己权限范围内可以决定的事，要当机立断，明确拍板。比如，如果你的下属吃硬不吃软，他向你请示某动员会议的布置与议程，你认为没有问题，就可以用鼓励的语调表达："知道了，你看着办就行了。"这种表述不仅给了他执行的权力，更是一种鼓励。

5. 注意表达

你若想为自己树立威信，除了要注意自己的态度和说话的方式外，还需要注意表达方法。

（1）说话要言简意赅、长话短说。句子说得短一些，不仅说起来轻松，听起来省力，吸引力也强。

（2）说话时一定要注意自己的语速和节奏，要吐字清晰，尽量看着对方的眼睛说话。这样才能说明你是真诚的、自信的、有能力的。如果说话时眼神游离不定或者不敢正视他人，那么就说明你是自卑的、意志薄弱的。

6. 尽量等到对方表达完之后表态

中国人是最具有“重点置之于后”的心理因素的，因此，你不能抢着说话，越是最后说话越具权威。

比如，在与对方谈话时，应该让对方充分表明意见、态度，之后自己再说话。让对方先谈，这样主动权在你手上，你可以从对方的说话中选择弱点追问下去，以帮助对方认识问题，再谈自己的看法，这样易于让对方接受。在对方讲话时自己思考问题，最后做出决断，后发制人，更能让对方认可你的说话能力，从而信任你。

7. 直接而礼貌

与吃硬的人沟通时，保持直接且礼貌的态度至关重要。使用简洁明了的语言，开门见山。与此同时，尊重对方，保持礼貌，能够减少对方的抵触情绪。例如，可以使用“我理解您的立场，但……”这样的表达，既表明了你对对方的尊重，又能够直接传达你的观点。

8. 强调共同利益

在与人的交流中，尽量找到双方的共同利益。例如，在催款时，可以强调及时支付款项对双方未来合作的积极影响。强调合作的双赢效果，能够促使对方更愿意倾听并采取行动。

每表达一个观点，同时都要说出一个事实

朋友圈中，李强是个活跃分子，朋友们组织聚会或活动时总少不了他的身影，侃大山时无论什么样的话题，他都能接得上。

他自以为见多识广，知识渊博，但事实并非如此。

有时，朋友说去某个饭店聚餐，他却给大家泼冷水，说："不要去那家，那里的菜不好吃、没特色。"当朋友问他为什么不好吃时，他却哑口无言，回答不出来了。

有时，朋友们在一起讨论某部新的影片，正当大家兴致勃勃时，他却插上一句"这部影片的结局没有一点儿意思"。一句话打消了大家的兴致，大家纷纷将目光转向他，等待他给出理由。谁知，他却挠挠头，疑惑地问："怎么了，难道我说错了吗？"其中一个朋友说道："每一个人对电影的看法有所不同，你说结局没有意思，请说出你的观点。"听朋友这么一说，李强支支吾吾好一阵子，也没说出个所以然来。

渐渐地，大家都明白了，李强是一个只会信口开河、没有内涵的人。于是，大家便不愿和他一起聊天了。

表达是人的本能之一，发表观点或对某个事情进行评论，是向外界传递自己存在的价值。问题是，许多人像李强一样，仅仅是表达自己的主观感受，而没有进行深层次的分析或思考，当脱口而出自己的观点或想法时，往往缺少事实依据作为支撑。这样的表达很难站住脚，更不能服众。

为人处世中，有修养懂说话分寸的人指出，当你表达出自己的观点，希望征得他人的同意或信服时，必须有证据来佐证你的观点，最好的证据则是已经发生了的事实，这样你说出的话才有力度。例如，你说"今天很冷"这个观点，接下来又说"今天 -10℃"这个事实。面对这样的事实，任何人都相信"今天很冷"。

事实胜于雄辩，有事实支撑的观点，就不会倒塌；缺少事实的观点，犹若纸老虎，不堪一击。而空洞的观点或说教，不但缺少可信度，长此以往，大家也会改变对你的看法，认为你是一个说话不过脑子的人。没有人喜欢和整天信口开河的人交朋友。

张楠是个颇有想法的女孩，她对所有事情都有自己独特的看法。朋友中，一旦有人对某件事情犹豫不决时，都想听听她的看法。张楠很热心，只要她能帮得上忙的，从来不会推托，而她给出的意见，朋友们都表现得非常满意。

林玲想换个发型，不知是烫卷好还是拉直好，当看到卷发女生从身边走过时，她觉得卷发好；当长直发女生从身边走过时，她又觉得直发好。就为换发型这件事，林玲纠结了好一阵子。当她把自己的苦恼讲给张楠后，张楠告诉她："烫卷发吧。""为什么要烫卷发呢？难道我把头发拉直，留长发不好看吗？"林玲有些不解，问道。张楠说："留长发当然好，不过我个人认为卷发更适合你。"林玲问："理由呢？"张楠说："现在工作了，卷发显得人成熟一些。你的头发那么长，拉直的话，就没有了质感。你看晓红，刚刚烫的卷发，多好看呀。"林玲接受了张楠的看法，烫了卷发，显得既成熟又有气质。

叶婷交了男朋友，本该享受爱情甜蜜的日子里，她却高兴不起来，反而表现出很痛苦的样子，原来男朋友没对她说"我爱你"这三个字。平心而论，叶婷很爱对方，担心失去他，就是因为耳边缺少这三个字，给她造成一种错觉，错误地认为，男友不爱她，和她在一起只是逢场作戏。张楠知道情况后，安慰道："你的男朋友很爱你，不要疑神疑鬼的。"叶婷却说："可是我心里总不踏实。"张楠说："'我爱你'这三个字固然重要，对方没有说出口，不能说明不爱你。你仔细回忆一下，你们交往的过程中，是谁在你半夜发烧时，第一时间赶到你身边，陪你去医院？是谁在你生日来临之际，费尽心机给你准备生日晚会？是谁听说你喜欢喝汤，就变着法儿给你煲汤……通过这些行为，足以证明他是真心爱你的。"听了张楠列出的一大堆"好处"后，叶婷打消了顾虑，不再对男朋友产生疑虑，事实证明，张楠的话是正确的。

面对林玲的犹豫，如果张楠只说“卷发好”，林玲肯定不相信，但她把晓红烫卷发作为依据，说明“卷发好”，林玲才相信。如果张楠只对叶婷说“你的男朋友是爱你的”，叶婷会更加郁闷，她可能会想：他爱不爱我，我都不知道，你怎么会知道呢？难道你比我还了解他吗？但是，张楠把以前叶婷在朋友面前晒出的幸福作为依据，来佐证“你的男朋友是爱你的”这个观点。通过张楠说出的这些证据，叶婷意识到男朋友是爱自己的，痛苦、不开心是自己臆想出来的。

由此可见，事实对观点的支撑有多么重要，缺乏事实的观点是站不住脚的、苍白无力的、不能让人信服的。如果你在说出一个观点的同时说出一个或多个事实，自然就提升了你的说话分量。长期把这个好习惯坚持下去，你就拥有了更多的话语权，你的表达就会更加精准，周围的人就更加信赖你。因此，言之有物不是提一个漂亮的观点就可以了，需要用事实证明观点的正确性。简单来说，“用事实说话”才是表达的根本！

只要是善意的，谎言也美丽

《最后一片叶子》是美国作家欧·亨利的一篇短篇小说，故事是这样的：

在某医院的病房里，一位重病患者窗前有一棵树，秋风吹过，树叶一片片飘落。患者看着凋零的景象，心中无比凄凉，身体状况也随之每况愈下，感到生命即将走到尽头。得知这一情况后，一位老画家深受触动，决定用画笔为树枝装饰上五彩斑斓的树叶。这样的创作不仅美化了环境，也激励了这位濒临死亡的女患者，使她重新燃起生活的希望。

为人处世中类似的情况屡见不鲜。作为医生，面对生命垂危的重症患者，为了安慰病人，通常会说："只要配合治疗，很快就会康复。"几乎没有医生会直言："你没有希望了，很快就会死。"同样，作为病人的亲友，在探望病人时，即使他知道病人只剩下几天时间，也会与医生默契配合，把"谎言"说下去，让病人积极接受治疗。因为生命有时会创造奇迹，即使没有奇迹出现，让病人充满希望地多活些日子，也是出于人道关怀。在这种情况下，诚实与否便成了一个复杂的问题，适度的"谎言"可以被视为善意的表现。

有修养懂说话分寸的人指出，有时"谎言"也可以被视为一种艺术，尤其是在特定场合与特定人群中，说些不真实的话可能比直言真相更有效果。

比如，一个体形肥胖的女人让你评论她的身材，你如果实话实说——满脸横肉，腰部较粗，是个实力派的胖姐。对方听后，一定会脸色难看，情绪波动，即使当场不发火也会在心里对你产生不满。

俗话说"矬子面前不说短话"，若越雷池，不仅会伤害到对方的自尊，自己也会陷入尴尬之中。每个人都有缺点，谁都不希望被直接指出。有修养懂说话分寸的人，遇到这种情况，往往会选择委婉的表达方式，用"丰满"来替代"肥胖"，用"面容圆润"来替代"满脸横肉"等，这样的表述既能传达信息，又能维护对方的尊严。

再如，你曾经答应过朋友所托，结果却忘得一干二净。当朋友问起时，你才猛然意识到自己早已忘记。要是你这时无奈地摇摇头，双手一摊，歉意地说："抱歉，我真的忘了，我马上去处理。”这时，对方表面上表现得不在意，内心肯定会对你感到失望。要是你这样说：“这件事我一直在认真对待，一直没想到更好的办法去处理，不过你放心，一定会给你一个满意的答复。”你这样说出一个善意的谎言，朋友非但不责怪你，反而会感激你。

有这么一个故事：

王员外家新添了一个孙子，在孩子满月的当天，许多宾客前来庆贺，大家一边看孩子，一边随意聊天。

李秀才说道：“令孙将来一定会福寿双全，飞黄腾达，富贵荣华，光宗耀祖！”

罗秀才说道：“每个人的一生都是一样的，这孩子也会长大、变老、死去。”

李秀才的话受到欢迎，被视为上宾；罗秀才则遭到客人的轻视、主人的不满，被冷落在一旁。

罗秀才说的难道不是实话吗？当然是实话，这种实话听起来却并不令人愉快。相反，李秀才所说的很可能是假话，一个人要“福寿双全”是很难实现的，这种话却赢得了主人的欢心，因为这正是主人所期望的。

礼节性语言和奉承话，大多数情况下属于善意的谎言，听者心知肚明，都乐意听，究其原因，它能极大地满足人们的虚荣心。法国思想家卢梭在《忏悔录》中说：“我从未对说谎感兴趣，但我常常不得不惭愧地说一些谎话，使自己摆脱各种困境。有时为了维持交谈，我迟钝的思维和枯燥的话题迫使我编造一些事情，以便有话可说。”文学家林语堂也说：“什么是中国人的教养？我一直苦苦思索，于是发现了以下三点：一说谎；二具有像绅士一样说谎的能力；三以幽默感理解自己心境的平静，并且对地球上的任何事物都不过于热衷。”

因此，从某个角度来看，“谎言”在生活中也是必需品。有些人可能认为说谎是不诚实的行为，要是你非要直言不讳地对一个外貌普通的女子说“你其实长得很丑，还以为自己长得很漂亮，以后要好自为之，别出来吓人”这样的真话，严重打击他人的自信心，等于给对方判了“死刑”。

在为人处世中，适当地说些善意的谎言，你好我好大家好，双方皆大欢喜，何必那么较真呢？

那么，该怎样在不伤害他人的情况下，把握好善意谎言的分寸呢？可以参考以下建议：

1. 不能直接说出自己的真实想法

有时，直言自己的真实想法对他人来说确实是个残酷的事实，毕竟人们更喜欢赞美的话而不是贬斥的话，这也是奉承之所以受欢迎的原因。因此，有修养懂说话分寸的人，在某些特殊情况下，会调整自己的表达方式，把真话留在心里。

2. 不需要把自己的过去都告诉别人

每个人的过去或多或少都有一些不为人知的小秘密，只要你现在生活得好，谁会去关注你的过往呢？一旦你的过去被曝光，你在他人心中的形象就会受到影响。因此，不必将自己的过去一一告诉他人。

3. 灵活变通能省去很多解释的话语

假如你和一位异性同事出差，晚上到达宾馆，只剩下一个房间。无奈之下，你们决定共处一室。当然，那一夜什么都没发生，回来后，有人问你：“孤男寡女外出，晚上怎么睡？”这时，你灵活变通，说每人一个房间，可以避免不必要的解释。

批评时，先裹上一层“糖衣”

批评往往带有否定性质，容易引发对方的心理排斥和逆反情绪，从而影响批评的效果，甚至比不说更糟糕。不过，要想达到批评的目的，可以用委婉的方式。这样做，尽管不能完全消除对方的抵触情绪，至少可以给对方留足面子，使被批评者容易接受和认可。

办公室里，刘燕正和同事谈论上次会议要求大家解决的问题，这时，她的手机响了。一看是老板办公室的电话，刘燕赶忙接通说：“老板……”

“刘燕，抓紧时间到我办公室来一趟！”还没来得及回复，老板啪的一声挂了电话。如此形势，刘燕吓得不知如何是好，于是她急匆匆地跑到了老板的办公室。

“刘燕，你是老员工了，有些话我也不想说得太难听。你自己看看，这段时间以来你到底干啥了，这个月的业绩怎么如此差劲！你瞧瞧其他同事，这个月都做得不错，就连新来的范丽也比你强！我给你如此高的待遇，是让你干什么的，你不知道吗……”刘燕还没来得及开口，老板就是一番连珠炮似的语言轰炸，还顺手把一沓厚厚的报表扔到刘燕面前。

“老板，您别急，我可以解释清楚。”刘燕本想趁机把工作中的问题与老板沟通一下。

“这有什么好解释的，业绩摆在这里，数据就是最好的证明，我现在什么都不想听，你先回去吧，想想你自己到底应该怎么做。我再给你一次机会，要是下个月你的业绩还上不来，那你的年终奖就没了。回去吧，我还有很多事情要处理。”老板不耐烦地摆了摆手，示意欲言又止的刘燕出去。

刘燕眼里含着泪，委屈地离开了老板的办公室，刚才的一幕让她非常心痛，老板说的话像刺一样扎在她的心里。顿时，刘燕感到极为委屈。由于被老板分派到新市场，客户量不多，销售额自然不能与成熟市场相比。范丽虽说是新员工，但一进公司就被安排到原有的老市场，客户源稳定充足，客户关系网坚固牢靠，销售额自然高一些。刘燕心里觉得老板只看数字，不问事实，心里很委屈，工作热情也不高了。

老板的批评方式简单直白，完全没有技巧可言。姑且不言刘燕业绩下滑是由哪种原因引起，老板劈头盖脸一通批评，刘燕很委屈，心里很难接受，对她后续工作的开展毫无益处。

批评是一剂苦药，谁都不愿意品尝，但如果能给苦涩的批评裹上一层甜甜的“糖衣”，药物的疗效不减，味道却可以变得柔和，容易下咽。因此，有修养懂说话分寸的人，通常不会直接提出刺耳的批评，他们会给批评的话抹点“糖”，让硬接触变成软着陆。失去了表面上的锋芒，效果却一样，而听的人也会觉得舒服许多。

张萌进公司不到两年，就坐上了部门经理的位置。尽管能力出众，可依然有个别下属对她心有不服，尤其是比她资历老的孙洁。

自从张萌做了部门经理之后，孙洁总是有意无意迟到。按照公司的规定，迟到半小时就按照旷工一天计算，要扣半天的工资。可孙洁抓住了制度的漏洞，每次不多不少就只迟到 29 分钟，根本没法按照公司的规定处罚。

张萌心知肚明是怎么回事，也知道必须想办法提醒孙洁，否则，每个下属都这么做，部门就没法管理了。可她也明白，孙洁对她有意见，要是就这么直截了当地批评她，只会让矛盾越来越深。

周五，趁着中午吃饭时间，张萌特意叫上孙洁一起吃饭。在轻松的氛围下，她很随意地问道："最近看你总是来得比较晚，是不是家里有什么事呀？"

孙洁说："没有啊！堵车这个事谁也控制不了，再说我也没有违反公司的规定呀！"

张萌听出了一丝敌意，连忙解释道："我没有别的意思，你不要多心。我记得，你家住在少年宫附近吧？"

"是啊！"孙洁有点疑惑地看着张萌，不知道她想说什么。

"我家离少年宫也不远，咱们是一个方向。干脆这样，今天下班我开车带你，顺便熟悉一下你在哪儿坐车。以后呢，我每天早上就可以开车带你一起过来，挺方便的。"

孙洁没想到，张萌热情地请自己吃饭，还提议让自己搭她的顺风车，心里有些过意不去。她喃喃地说："不用了……真的，你是经理，这么做不太合适。"

"瞧你说的，我们是同事啊，这又不是什么大事，帮忙也是应该的。"张萌的话让孙洁觉得脸上发烫，自己虽然常与她唱反调，可人家不仅没往心里去，还能这么不计前嫌，实在让她觉得自己有些心胸狭隘了。

那天下班时，孙洁谢绝了张萌开车带她的好意，她心里自然也明白了对方的用意。自那之后，孙洁尽量准时上下班，并且她与张萌的关系也缓和了许多，不再像从前那样针锋相对了。

人非圣贤，都难免犯错，这是再正常不过的事。若紧紧揪着对方的错不放，摆出一副咄咄逼人的架势，不仅会让对方尴尬，还可能招惹怨恨。有修养懂说话分寸的人遇到这种情况，通常会换种方式，用一颗宽容的心先给予包容，用巧妙且温和的语言让对方意识到自己的错误，这样做远比得理不饶人、对他人的错误穷追猛打的做法要高明得多。

那么，如何把握好批评的分寸，做到言曲而意明，委婉而更容易被人接受呢？可以参考以下建议：

1. 委婉表达

美国总统柯立芝在批评他的女秘书时曾使用了委婉的方式，他说："你这件衣服很漂亮，你真是一位迷人的女士。不过，我希望你在打印文件时注意一下标点符号，这样你的文件会像你一样可爱。"这种委婉的批评方式让女秘书印象深刻，从此打印文件的错误大大减少。作为世界上最有权势的人之一，柯立芝用这种礼貌的方式体现了他的修养和气度。如果他用一种盛气凌人的口吻，如"怎么搞的！连标点符号都搞不清楚，你还是 ×× 大学毕业的！"这样的批评不仅可能引发反感，也难以达到纠正的目的。

2. 语言幽默

批评时运用幽默语言可以达到良好的效果。一则有趣的故事讲述了一位小女孩将她的小狗带进一个禁止携带宠物的商场。当小女孩看到警示牌后非常紧张，准备接受批评。商场的保安却没有严厉批评她，而是笑着问："多么可爱的小狗，它叫什么名字？"小女孩回答说："它叫贝贝。"保安微笑着说："亲爱的贝贝，你怎么糊涂了？我们这儿是不准小狗带小女孩入内的，不过既然来了，也就不难为你了。请离开时记住，千万别忘了带走你身边的这位小姑娘！"这种幽默的批评方式不仅让小女孩感到放松，还给她留下一个美好的印象，让她意识到批评也可以充满温暖和友善。

3. 先用赞美暖身

在批评他人之前，不妨先说一些赞美的话来暖场。比如："我很欣赏你的工作表现，尤其是这次的促销方式，真是个亮点。”然后再提出改进建议说：“要是能稍微控制一下局面，把货物摆放得更有条理，效果会更好。”在表达赞美时，最好避免使用“但是”这个词，因为它会让对方的热情瞬间降温。泼冷水是批评中最忌讳的方式。在分享完你的赞美后，给对方一些时间消化，再用建议的方式提出批评，会更加有效。

4. 用影射的方式批评

一些具有批评意义的寓言和小故事能够委婉地劝诫他人，而不引起对方的反感。当然，也可以编一些类似的小故事或引用他人的经历，以委婉的方式提醒对方其不妥之处，这样既能传达信息，又能给对方留足面子。

关心的话，最暖心

关心的话语就像冬日的阳光，洒在身上，能够带来温暖。在为人处世中，说一些关心的话非常重要。例如，当对方心情低落时，在交流中说一些关心的话，能够缓解对方的情绪，帮助对方缩短痛苦的时间。

“魔术之王”塞斯顿，40 年全球巡演，不断创造出各种幻象，让观众陶醉其中、惊叹不已，受到数千万人的喜爱，取得了巨大的成功。

塞斯顿的魔术并非高人一筹，他所表演的魔术，其他魔术师也会表演。不过，他拥有其他魔术师不具备的独特优点：在舞台上展现个人魅力，用独特风格打动观众。他是一位表演天才，能深刻理解人性的本质。他的每个手势、每种声调和每次挑眉，都是精心排练过的，每个动作都完美契合。更重要的是，塞斯顿真正关心观众的感受，愿意倾尽所有热情来回馈观众。

相反，一些技艺高超的魔术师认为观众容易忽悠，能够轻易地被自己欺骗。塞斯顿却完全不同，他每次上台前都会告诉自己：“感谢观众来观看我的表演，是他们让我过上了舒适的生活。我一定要尽全力为他们呈现最好的节目。”塞斯顿正是这样一位通过关心观众，赢得观众喜爱的艺术家。

有人说：“要想成为一个幸福的人，就应当对他人关怀备至、体贴入微、真诚相待。”奥地利著名心理学家阿尔弗雷德·阿德勒在《生活的科学》中说：“对他人漠不关心的人，往往一生中会面临诸多困难，也会造成最大的损害。所有的人类失败，都是由这些人引起的。”事实上，如果你能够真心关心他人，你的生活将更加顺利，别人对你的帮助也会让你受益良多。

一位将军举办宴会，许多客人受邀出席。

宴会进行到一半时，一名服务员上前为将军倒酒。无意间与将军对视一眼，服务员顿时紧张得手一哆嗦，把酒洒在了将军头上。

将军是个光头，酒水顺着头顶流下来，脖子和衣服上到处都是，看起来非常狼狈。在场的人都为服务员捏了一把汗，整个宴会场所鸦雀无声，等待着将军的训斥。

出乎所有人的意料，将军表情轻松，拿出手帕擦了擦脑袋，微笑着对服务员说：“小伙子，我光头已经20年了，试过你的这个方法，谢谢你，不过我得告诉你，根本没用，长不出头发。别紧张，重新给我倒一杯，不过这次可别为我能长出头发而费心了。”

将军用幽默的方式表达对服务员的关心，气氛瞬间缓和下来，所有人都笑了起来。那个服务员的表情中少了一分害怕，多了几分敬意。

在为人处世中，许多人常常感叹不知如何消除与陌生人之间的隔阂，从而使双方熟悉起来，建立融洽的人际关系。每个人都希望得到他人的关心与认可，却往往忽视了对他人的关心和认可，结果却未能达成所愿。其实，人际关系是相互的，你对我一分关心，我便会对你十分关心。你不关心他人，别人也不会关心你。

美琳·凯公司是美国乃至全球知名的化妆品企业，成立至今已有60多年的历史。如今，该公司的规模不断壮大，员工人数超过20万，年销售利润也非常可观。

一般来说，一个企业的寿命通常不会超过半个世纪。然而，美琳·凯公司经历过风风雨雨之后，依然稳健地屹立于竞争激烈的商界之中，这让人不禁惊叹于它的长盛不衰。随着公司的日益崛起，总裁美琳·凯也被誉为“化妆品皇后”。

美琳·凯之所以能够取得成功，有很多原因，其中之一就是关心员工的成长。

有一位推销员口才出众，但经验不足，在两次大型展销会上都未能成交商品，感到十分尴尬。在第三次展销会上，她仅卖出了几十美元的商品，这让她同样感到难堪。尽管如此，美琳·凯依然表扬了她，说：“很好，已经比前两次进步许多了！”听到上司的真诚赞赏，这位推销员非常欣慰。后来，经过不断努力，她最终成长为一名优秀的推销员。

要想赢得他人的喜爱、培养真正的友谊、获得他人的帮助，并让生活更加愉快，那么就从改变自己开始：真诚地关心和爱护他人。

因此，有修养懂说话分寸的人指出，在与人交谈时，要说一些关心对方的话，让对方感受到你的真诚和友好。当然，这些关心的话应根据当时的实际情况进行自然表达。例如，在深秋时节，发现交流对象穿得很单薄，可以说：“天气一天比一天冷，保暖很重要，外出时记得多穿点衣服。”听到这样的话，对方会感到温暖。再如，发现对方有感冒的迹象，可以建议道：“回去时别忘了去药店买些感冒药，提前预防，以免真的感冒了。”这样的关心之语，对方定会愿意听并心存感激。

第四章

控局：不冷场等于救了双方

在与人交流时，不懂得说话的分寸，三言两语就会让谈话陷入僵局，让原本轻松、愉快的话题无法继续下去。要想做到不尴尬、不冷场，需要我们具备控局的本领。也就是说，当发现气氛不对时，要灵活应变，调整交谈的方向，将不利的局面扭转过来。

说话有分寸，一定要把握好度

为人处世中，很多人有过被别人的无心之语刺伤的经历；同样，很多人也有过说话不注意分寸、让自己的无心之语刺伤别人的经历。这是一种常见的现象，信息发出者（说话者）的心理比较平静，但传出的信息被对方（倾听者）接收后却引起心理失衡，从而导致态度、行为的变化。

张爽是一个大大咧咧的人，说话心直口快，不管遇到什么人、什么事，他都乐呵呵的，是一个十足的乐天派。因为乐观开朗的个性，张爽在亲戚朋友中的口碑非常好。但是因为他的性格过于直爽，在日常生活中也常常得罪人。

就拿去年同学聚会来说，张爽不知道哪里来的兴致，竟开起了一个非常腼腆的女同学的玩笑，玩笑无意指出了该女同学生理上的一个小缺陷。

在场的同学都知道张爽的性格，知道这是他的无心之语，然而“说者无意，听者有心”，张爽的话一出口，那个女同学的脸“噌”一下就红了。女同学是一个性格比较平和的女孩，对张爽当众开的玩笑并未反驳，但心中却非常不高兴，从此就与张爽有了芥蒂。

从那以后，同学聚会，只要张爽参加，就不会出现那个女同学的影子。

张爽知道原因后，对此懊恼不已，只因自己的一个玩笑，就失去了一个好朋友，真是不值！

张爽的一句无心之语，竟然招致了女同学的记恨，这就是“瀑布心理效应”在起作用。由此可见，如果我们想在为人处世中成为一个受欢迎的人，就必须时刻提醒自己不要犯无心伤人的错误。做人做事要谨言慎行，说话要有分寸，不能毫不顾及对方的感受。

与人相处，说话一定要讲究分寸。话太少不行，现代社会中的人大多属于社交型。那些少言寡语的人，会被大家看成不合群、不善交往的一类人，久而久之，就会被大家孤立、难以跟别人亲近。不过，话多了也不行，容易让别人反感，而且也容易让别人误解，甚至认为你是一个轻浮、不稳重的人，还容易落下个乌鸦嘴的坏名声。因此，在为人处世中，一定要尊重别人，把握说话的分寸，否则就会令人际关系恶化，最终让自己举步维艰。

那么，在与人交流时，该如何把握好说话的分寸呢？可以参考以下建议：

1. 要注意随时关注对方的反应

与人交谈时，一定要时刻关注对方的反应，看对方是赞成还是不以为然，以便随时调整你的说法。如果发觉对方神情不屑，不愿意多听，那你就应该想办法果断地结束该话题；如果发觉对方一副乐于接受的表情，那你就可以单刀直入，不再绕弯子；如果发觉对方一副怀疑的表情，那你就应该多做解释；如果发觉对方有想要插话的意思，那你就应该立即把话语权让给对方，请他发表意见。而对于对方的回答，你要特别留意，注意其说话的语气。

比如，同样一个简单的“哦”字，就有几种不同的表示：“哦，”是表示知道了；“哦？”是表示疑问；“哦！”则表示惊讶。再如，对方说“好的，以后再谈吧”，这是在拖延，表示对方不肯接受；“好的，就这么办吧”，这是肯定，表示对方完全接受；“好的，我替你留意”，这是保守的回复，表示对方没有把握；“好的，我替你想办法”，这是肯负责任的意思；“好的，等我研究研究再说”，这表示原则上可以同意，而具体办法还需要进一步讨论；“好的，你听我回信”，则意味着对方愿意帮忙。

你可以通过细细体味对方的回答，以此来判断此次交谈是否成功。不过要注意，那些圆滑世故的人，往往不肯给予直接的表达，这很容易使你误解他的真实意思，需要仔细辨别。

2. 表态时要注意分寸

与人交谈，免不了要对对方的话进行表态。这时你也要注意分寸，以免因此而失信于人。你认为可以办到的事情，可以回他“我去试试，不过成不成功我不敢保证”；你觉得他说得对的，那就回“很好”或“不错”；你认为不对的，那就回“这个问题很难说，毕竟各有各的说法”；你觉得你无法办到的，那就回他“这件事太困难了，我恐怕很难办到”。

总之，表态时不要说得太肯定。太肯定的回答，最容易造成不欢而散的后果。任何时候都要给自己留些回旋的余地。如果遇到临时不能决定的事，你可以说“等我考虑考虑，然后再给你答复”；或者说“等我和那边的人商量之后，再由他们给你答复吧”。前者是接受与不接受各占一半，后者则多数是婉言拒绝。如果你如此回答，对方却还唠叨不止，而你又不愿意再听下去，那你也有几个方法可以应付：或者趁他说话的间歇，换一个新的话题，谈谈别的事情；或者直接就说“好的，今天就谈到这里吧”，然后立刻起身，说声“对不起，再见”。他自然就会终止谈话。

3. 对不同个性的人，说话方式应不同

由于每个人的个性不同，每个人喜欢的沟通方式也会有所不同。这时只有针对他的个性，进行有针对性的谈话，才能与对方交谈顺畅。如果对方喜欢研究学问，那你说的话也应该有些深度才行；如果对方喜欢含蓄婉转，那你说话就不能太过直接；如果对方性格豪爽，那你说话也不要拐弯抹角……如果你的说话方式与对方个性相符，那自然也就能一拍即合。

4. 对不同交情的人，说话方式不同

仅仅了解对方的个性还不够，说话时还要参照彼此的交情，如果交情还没有达到相当的程度，那么你的说话方式虽然有可能符合对方的个性，但是也可能犯下交浅而言深的错误，令人讨厌。

小齐是个性格直爽的人，他的领导也不失为一个性格直爽的人。有一次，公司给同事的待遇过分刻薄，小齐自告奋勇地去向领导提出加薪的请求。

他一见领导，便开始慷慨陈词："经理，您现在给他们的待遇，不但不合理也不合情，简直快逼他们走上绝路了。这样做对公司真的有好处吗？对你的前途会有帮助吗？"

小齐自以为理直气壮，自以为和领导够得上"有话直说"的交情，谁知领导听了却很不高兴，不但没有采纳他的建议，反而反唇相讥，认为这是整个社会的问题，应该由政府来解决，他一个人是无力改善的，结果小齐自讨没趣地退下了。

很显然，这不是话不投机，而是小齐错估了和领导的交情。对有不同交情的人，说话方式也应不同，大家应该多多注意，如果是死党，互相认识很多年，彼此都熟悉，那大可随意一些；如果是工作关系、同事关系，在正式场合，一定要记得管住自己的嘴，说话之前认真思考一下。

搭个台阶，让对方下来

在社交场合中，每个人都非常注意自己的形象，因此，都比平时表现出更为强烈的自尊心和虚荣心。有修养懂说话分寸的人指出，在这种心态支配下，如果你让别人难堪，下不来台，他会因此对你产生强烈的反感，甚至与你结下仇怨。相反，如果你给他提供了台阶，保住了他的面子，他会对你感激不尽，一辈子记得你的好。

有位外宾在北京一家知名的餐厅里用餐，当他吃完最后一道茶点时，被餐桌上精美的景泰蓝筷子吸引了，他左看右看，爱不释手，据为己有的念头在心中产生。当时，餐厅里的客人不多，服务员远远地站在一边，他向四周扫了一眼，稍微侧了一下身子，伸手将搭在椅背上的西装取了下来，借从口袋里拿钱包之际，将一双景泰蓝筷子装入西装的口袋内，然后冲服务员打了一个响指。

服务员应声而来，微笑着问道："先生，您需要什么？"

这位外宾指着面前的钱包，说："买单。"

"好的，您稍等。"服务员说这话时，向外宾放在腿上的西装看了一眼，依然面带微笑地离开了。

不一会儿，服务员托着一个托盘走了过来，托盘内放着一张消费单和一个缎面包裹着的长方体小匣子。

当她走到外宾面前后，把托盘放在餐桌上，拿起消费单，双手递给外宾，说："这是您本次在我们餐厅消费的费用。"

外宾象征性地看了一眼，从钱包里取出钱，说："不用找零了，剩余的就算是给你的小费吧。"

"谢谢您！"服务员一边说一边向外宾微微鞠了一个躬。

外宾站起身子，穿上西装，就要离开，服务员却说："先生，您稍等。"说完，将托盘里的那个缎面包裹着的小匣子双手捧到外宾面前。外宾一愣，问："什么意思？"

服务员说："这是您的。"

外宾问："是贵餐厅免费赠送的礼品吗？"

服务员微微摇了一下头，将缎面包裹着的小匣子放在餐桌上，打开后，里面放着一双景泰蓝筷子。外宾看到后，有些不解。

服务员解释道：“我发现先生非常喜欢我国的景泰蓝筷子，非常感谢您对这种精细工艺品的厚爱。为了表达我们的感激之情，经餐厅主管批准，将这双图案最为精美的景泰蓝食筷送给您，并按优惠价格记在了您的账上，您看好吗？”

外宾当然明白服务员的弦外之音。表示谢意后，说自己多喝了几杯白兰地，头脑有点不清醒，误将景泰蓝筷子装进了衣袋。说完，从西装的内层口袋中拿出藏起来的筷子。服务员收起筷子，说：“正如您说的（指酒后头脑不清醒），很多外国客人都喜欢我们的这种工艺品，可是要允许他们拿走的话，后来的客人就没有筷子可用了。”外宾听服务员这么一说，哈哈一笑，气氛一下子轻松了许多。

在这个案例中，服务员发现客人想私自带走筷子后，如果直接指出他的错误行为，客人肯定会下不了台，甚至会记恨这位服务员一辈子。所幸的是，这位服务员既聪明又机智，给外国客人搭了两个台阶。第一个台阶是，当服务员发现客人私藏筷子时，没有当场质问他，而是通过让对方买筷子的方式，暗示对方餐厅里的筷子不允许客人带走；第二个台阶是，当客人知道自己私藏筷子被发现后，尽管给自己找了借口，也难掩内心的理亏，恰在这个时候，服务员却告诉他，想拿走筷子的现象，以前也发生过。她这么一说，客人一下子就放松下来了，不再因此而觉得不舒服了。

有位外地作家来北京办事，他的朋友得知消息后，带着儿子去宾馆拜访他。谈话期间，那位朋友的儿子比较淘气，先是在屋内玩弄各种设备，后来脱掉鞋子，干脆爬到作家的床上，在床上又蹦又跳，还大声喧哗。孩子的行为严重影响了两人的正常谈话。

可能是那位朋友平时比较溺爱孩子吧，并没有制止儿子的行为。这位作家实在有些看不下去了，便用幽默的口吻对床上正在玩耍的孩子说："小朋友，你回到地球上来，可以吗？"

孩子不理解作家的话，用疑惑的眼光看着他，说："我本来就在地球上呀。"

作家说："我和你爸爸才在地球上，而你真的没有。不信，你问你爸爸。"

孩子将目光转向父亲，问道："爸爸，我真的没有在地球上吗？"其实，作家这话是说给朋友听的。朋友听到儿子的问话后，忙说："叔叔说得对，你的确没有在地球上，你应该回到地球上。"说完，把儿子从床上抱了下来。

这位作家如果直接把孩子从床上请下来，势必让他的父亲有失颜面，同时也显得自己不近人情。而他用幽默的方式，给孩子的父亲搭了个台阶，巧妙地制止了孩子的胡闹行为。给别人搭台阶，就是中庸之道。对中国的读书人来说，"中庸"这两个字很熟悉，因为中国古代文化经典"四书"中有一书就是《中庸》。按照此书中的说法，"中庸"的意思是："不偏之谓中；不倚之谓庸。中者，天下之正道。庸者，天下之定理。"

那么，为对方设台阶，怎样才能把握好分寸呢？可以参考以下建议：

1. 要不动声色

当不和谐的因素出现时，要不动声色地给对方搭台阶，既要使当事人体面，又尽量不被其他人发现。这样的话，当事人就不会因自己的行为而难堪，事后对方还会因为你的体谅而心存感激。在实施时，要根据具体的情况去搭台阶，宗旨是尽量让对方感到舒服。

2. 用幽默的语言当台阶

幽默是人际交往的润滑剂，一句幽默的话语往往能够使双方在欢笑声中互相谅解，化解尴尬。

3. 尽可能地为对方挽回面子

有时意外情况会让对方陷入难堪的境地，在给对方提供台阶时，如果能够通过某些善意的行为，及时挽回对方的面子，如若还能增添一些光彩，那是最好不过了。这样既帮对方挽回了面子，还会让对方对你感激不尽。

不方便回答时，不如言辞含糊一些

在为人处世中，许多事情往往会在没有思想准备的情况下发生，也会出现让人感到左右为难的情况。在这种情况下，有修养懂说话分寸的人指出，选择沉默或拒绝可能会对双方的关系产生不良影响，也会使自己在对方心中的印象受损。这种时候，不妨用含糊的语言来回应。

一艘豪华游轮在即将抵达目的地时，突然停了下来，原来是动力系统出现点小问题。游客们等了十几分钟后，开始焦躁不安，纷纷向导游施加压力，质问她为何出发前不进行检查，以及什么时候才能重新起航。

面对情绪激动、逐渐失去理智的游客，导游始终面带微笑，努力安抚大家的情绪。她说："请大家不要着急，游轮只是出现一点小问题，并不严重，我们的技术人员正在进行检修，马上就会解决。为了确保大家的安全，请耐心等待，不要走得太远，也不要站在危险的地方，游轮很快就会起航。"

导游不断重复这些话，游客们焦躁的心情逐渐平复。半个小时后，故障排除，游轮安全抵达了目的地。

这位导游非常聪明，面对游客的质问时，她反复使用“马上”“很快”等含糊语言。这样做的好处在于，既能避免游客情绪的再次波动，又没有给出明确的时间，从而为自己留下说话的余地。导游要是直接说“15 分钟或 20 分钟后就能起航”，那就相当于给自己的话设定了界限。当游客等了“15 分钟或 20 分钟后”仍然没有修好，情绪必然会更加急躁。此时，导游再试图安抚他们，可能会失去信任，反而会加剧他们的怒气和不满。因此，在不确定答案时，使用含糊语言显得尤为重要。

那么，在与人交谈的过程中，在什么情况下运用含糊语言，如何把握好分寸呢？可以参考以下建议：

1. 巧用含糊语言应对请求

在交谈中，使用含糊语言来应对请求是一种常见的方法。这可以让你巧妙且灵活地表达对对方请求的态度，因为不直接表明立场能够避免与对方的正面冲突。

有修养懂得说话分寸的人都明白，说出的话就像泼出去的水，一旦说出就无法收回。为了防止给对方留下把柄，使用含糊语言是给自己留余地的最佳方式。

当别人请求你帮忙时，他们通常满怀期待，希望事情能顺利进行。你出于真心想要帮助对方，便答应了。然而，难免会有一些不可预测的因素导致事情不能如愿，这样不仅会让对方失望，也会对你的信誉造成影响。最明智的做法是采取含糊应对的态度，不要过于明确地做出承诺，也就是说，不要把话说得太绝对。这可以让你在处理事务时更从容，同时留给自己思考和慎重决策的空间，可以避免陷入被动局面。即使最后未能办成，对方也不会长时间对你耿耿于怀。

当你觉得自己的能力无法满足对方的请求，帮不上什么忙时，不要直接拒绝，可以考虑使用含糊的语言来回应。这样做不仅能缓解对方的情绪，还能避免直接拒绝带来的失望。直接拒绝会让对方沮丧或难过，心理难以平衡、情绪难以稳定，甚至可能引发激烈的反应。如果你采取不把话说死的态度，对方会觉得事情并非完全无望，经过努力或许会有所改善，从而让他们的情绪得到一定的安慰，言行也不会过激。

2. 巧用含糊语言化解难堪

在交谈中，含糊语言不仅能够巧妙地回应他人的请求，还能有效化解尴尬。

许多女性对自己的年龄十分敏感，通常情况下，人们不会主动询问她们的年龄，也不会把这个话题作为讨论的重点。如果女性让我们猜年龄，我们该如何回应呢？

一位30岁左右的女子精心打扮后，参加朋友的生日派对。

派对上，一位陌生男子主动邀请她跳舞，她既没有起身，也没有直接拒绝，而是让他猜她的年龄。

男子面对这个突如其来的问题很为难。猜得太大，女子一定会不高兴，就不愿和自己跳舞；猜得太小，她可能觉得自己不诚恳，也不会和自己跳舞。

怎么办呢？当然要用含糊的语言来应对了。

这个有修养懂说话分寸的男子通过含糊的表达不仅化解了尴尬，还赢得了对方的好感。他是怎么回应的呢？

他说："你看起来如此年轻漂亮，应该比实际岁数小10岁；但你又充满智慧，应该在实际岁数上加10岁。"

女子听后，非常高兴，欣然接受了男子的邀请。

这样的回答虽然没有明确给出女子的年龄，却达到了极好的效果。

公司里，小刘被大家公认为台球高手，每次出手都能获胜。

巧合的是，总经理也是台球爱好者，非常喜欢这项运动。

一天，小刘和总经理在台球室碰面了，总经理坚持要和小刘切磋。经过几局较量，所有人都能看出小刘的技术更为出色。

总经理故意问小刘："小刘，你觉得我们谁是第一，谁是第二？"

小刘要是说自己是第一，显然会得罪总经理；说总经理是第一，不仅贬低自己，还有拍马屁的嫌疑。经过一番思考，小刘回答道："总经理的球技在领导中是第一，而我的技术在员工中也是第一，我们都是第一。"

总经理听后满意地笑了。

小刘巧妙地运用含糊语言，成功化解了总经理出的难题，避免了尴尬。

含糊语言是一种重要的交际技巧，体现出一个人随机应变的能力。在一些特殊情况下，尤其是不必要或不可能说得过于明确时，可以运用这种表达方式，既避免了紧张气氛，又保护了自己，同时也不会给他人带来负面的心理影响。

巧妙转换话题，避免出现冷场现象

茱莉和艾伦是同事，彼此并不太熟悉。周一午休时间，两人无意间聊了起来。

茱莉说："上个周末我家可真热闹！父母和姐姐一家三口都来我家聚会。我忙着做饭，还陪他们玩了一整天。等他们走后，我又得收拾房间，累得我真是受不了！现在真想好好休息一下。"

艾伦说："真够累的！不过上个周末我生病了，什么也没做，只是躺在沙发上看电视。昨晚看了一场台球比赛，奥沙利文的表现真是太精彩了！真是大饱眼福……”

茱莉回应道：“真的吗？其实我更喜欢音乐，上周末看了一些关于爵士乐的节目，我非常喜欢那种风格的音乐。”

两人的谈话到此结束。茱莉不了解台球，当艾伦提到比赛时，是她的知识盲点，继续这个话题，自己就会显得很无知。于是，她尝试转移话题，哪知艾伦对爵士乐却知之甚少，没能接上茱莉的新话题，结果气氛变得冷淡，双方都感到有些不自在。

有修养懂说话分寸的人指出，交谈中最常见也最尴尬的情况莫过于冷场。这可能是，你谈论的话题，对方不感兴趣；对方谈论的话题，是你的知识盲点。对于熟悉的朋友来说，短暂的沉默往往不会出现冷场，甚至可以直接说明原因；要是刚结识的客户、朋友或同事，出现这种情况就会显得有些尴尬。

那么，在与人交流时，如何把握说话分寸才能不冷场呢？可以参考以下建议：

1. 前后两个话题衔接要自然，不要刻意为之

在某单位举行的退休欢送会上，一位张姓老同志感慨万千地表示，自己这一辈子从未获得过“优秀工作者”的称号，心中颇感遗憾。一位与这位老同志同在一个办公室且有过小摩擦的年轻小伙子听后，便冷嘲热讽地说道：“真不是您不优秀，是我们做得不够，没能提名您。”

可想而知，无论是开玩笑还是其他原因，张姓老同志听到这样的话自然会很生气，只是出于面子没有与年轻小伙子争辩。其乐融融的场面顿时变得紧张起来，大家都不知道该说些什么好。

这时，一位刚刚参加工作的女孩站出来说：“是啊！老前辈们总是把机会让给我们，把时间和精力用在指导年轻人上。我经常得到张老的指点，以后您不在厂里了，我该向谁倾诉烦恼呢？张老，您接下来有什么安排？什么时候方便，我想去拜访您，请

教一些问题！”大家纷纷附和，表示也想去和张姓老同志聊天，刚才的紧张局面瞬间消散，气氛又重新活跃起来。

毫无疑问，女孩把话题转换得非常巧妙。原本大家都在关注“从未获得过”这件事，她却把老同志“从未获得过”的问题转化为“帮助年轻人、主动把机会让给年轻人”上，瞬间提升了老同志的形象。同时，她也表达出对老同志的尊重，感谢他对自己的指导，从而引出“向谁倾诉烦恼”和“退休后有什么安排”的话题，这些都是退休员工非常关心的话题。大家纷纷参与讨论，气氛迅速活跃起来，老同志也因此没有感到人走茶凉的惆怅。女孩巧妙地转换话题，不仅避免了尴尬，还为老同志赢回了面子，实在值得借鉴。

2. 转换话题时，前后谈论的事情跨度不要太大

假设你跟朋友在谈论某位导演的一部电影时，对方表示没有看过，这时候你完全可以转换到这位导演的其他作品。千万不要生硬地转换到经济领域，之后又谈运动，这样左一句右一句，会让人摸不着头脑，以为你什么都不精通，故意卖弄。

3. 不要随意转换他人的话题，要照顾对方的情绪

如果对方谈论的话题你不熟悉或不太感兴趣，想要转换话题，可以试着调整对方所谈的重点。比如，对方正在热情地描述某个景点，而你没有去过，但对那里的美食小吃颇有了解，这时你可以引入与景点相关的美食文化。切勿在别人兴致高昂时，突然说“我们换个话题吧”，或者直接转移到毫无关联的领域，这样会扫对方的兴，也显得你不懂人情世故，不给对方留面子。

4. 遇到谈话冷场时，用问题引出新话题

当感觉到交流即将进入冷场状态时，可以用提问巧妙引出新话题，提问时千万不要问别人难以回答的问题，也不要触及对方的知识盲区或个人隐私。此外，尽量避免一问一答式的提问，这

样会显得相当刻板。

比如，家里来了南方客人，你问："您刚到北京吧？"或"南方没有北京冷吧？"这些问题显得比较封闭，对方只能不断回答"是"。如果换成开放式的问题，如"这次来北京有什么新的感受？"或"您的家乡现在建设得怎么样？"这样不仅能引导对方畅所欲言，还能让气氛变得自然融洽。

5. 向对方介绍一些人和事，转移大家的注意力

当谈话出现冷场时，可以尝试提出一些大家普遍感兴趣的话题，这样更容易引发讨论。也可以通过闲聊的方式，与对方聊聊家常，询问一些与隐私无关的生活情况，从而引出大家都关注的话题。倘若实在找不到合适的话题，可以看看天气或周围的事物，发表一些看法来引发讨论。一旦气氛活跃起来，话题自然就会出现。

总之，无论采用何种方式来化解冷场，有一点是共同的：聊天的话题必须有趣且有益。曲高和寡的话题会让人无从接话，淡而无味的话题同样也会让人感到无聊。因此，在交谈时应多加思考，平时积累一些"库存话题"，往往能在关键时刻派上用场。如此一来，冷场自然不会出现。

化尴尬于无形或笑声之中

只有在和谐的氛围中，双方的交流才能顺利进行。然而，许多人对聊天技巧并不熟悉，常常在对话中遇到尴尬。这种情况并不可怕，关键在于能否找到合适的方法来化解。有修养懂说话分寸的人，知道如何化解交流中出现的尴尬。

公司里一位女同事结婚了，返岗上班的第一天便在办公室

派发喜糖，大家纷纷送上祝福，气氛热烈。这时，一位男同事调侃着问一位33岁还未结婚的女同事：“你什么时候能请我们吃喜糖呀？”大家都将目光投向那位女同事。女同事脸上立刻微微泛红，迅速转向旁边一位女同事，指着她的耳环问：“这款耳环设计很独特，在哪里买的？我也想入手一副。”两人随即谈论起耳环的话题，那位男同事的话题也就被搁置到一边了。

对于尚未结婚的大龄女性而言，婚姻问题往往比较敏感。在公众场合被问及这个话题，难免会尴尬，尤其是如果回答得不妥，可能会引发闲言碎语。案例中的女同事反应迅速，她巧妙地将话题转向同事的耳环，从而避免了尴尬的出现。为人处世中，转移话题是一种有效化解尴尬的策略，我们可以灵活运用这种方法，帮助自己或他人化解尴尬，让交流更加顺畅。

丘吉尔在担任海军大臣期间，曾积极学习开飞机。丘吉尔在政治上很有能力，但对操纵飞机并不那么顺手，面对各种复杂的仪表，他有些手足无措。飞行教官一遍遍地教，丘吉尔一次次地忘，把教官折腾得苦不堪言。

有一次，飞行过程中遇到恶劣天气，丘吉尔竟花了很长时间才飞完16英里的航程。好不容易安全着陆，丘吉尔急忙从机舱跳了出来。他刚一落地，身后的飞机竟然再次升空，大家目瞪口呆之际，机身突然下坠，掉入了海中。

原来，丘吉尔在慌乱中忘记操作规程，误把引擎重新启动，看着飞机“英勇”地坠入大海，他也愣住了。不过，他并没有过于慌张，反而摸了摸自己的头，幽默地自我调侃：“这架飞机陪了我一段时间，多少有些感情吧，没想到我刚离开它，它就奔向大海的怀抱。”

一句话瞬间让紧张的气氛缓解开来，丘吉尔也得以摆脱尴尬。

很多时候，自嘲可以帮助我们摆脱尴尬。它不仅能保护说话者的自尊，还能展现说话者的风度和机智。然而，需要注意的是，自嘲实际上是一种表面看似消极但实则积极的应对方式，因此不应表现出玩世不恭的态度。

有位童话作家常常戴着一顶破旧的帽子在街上散步。一天，他像往常一样在街上闲逛时，遇到一位当地富翁。看到作家头顶的破帽子，这位富翁嘲笑道："你头上的那东西，能算是帽子吗？"作家立刻用自嘲的口吻反击道："我头上的那东西看上去的确不像帽子，你帽子底下的玩意儿，能算是脑袋吗？"

作家的聪明之处在于，能够巧妙地模仿对方的话语进行反击。这位富翁本想嘲笑作家的寒酸打扮，结果却被作家嘲弄。作家自嘲的方式，采用的策略叫作"仿拟话语"，即用对方的句式构造一个相似但意义完全不同的句子进行回应。这种方法常常能让对方自食其果，从而让我们在尴尬的局面中显得游刃有余。

有一次，美国第 40 任总统里根在白宫的钢琴演奏会上发言时，夫人南希不小心连人带椅摔倒在台下的地毯上，突发状况瞬间引发一片惊呼。大庭广众之下，南希并没有慌张，她灵活地站起身，在大家的掌声伴送下，顺利回到座位上。看到夫人安然无恙，里根松了一口气。在重新开始演讲之前，他幽默地说道："亲爱的，我告诉过你，在我的演讲没有掌声时，需要你做出这样的表演。"

一句话引得台下观众大笑，掌声随之响起，刚才夫人摔倒的尴尬场面也自然得到化解。

为人处世中常常会出现一些小尴尬，如认错人、衣服穿反、在大街上摔倒等。在这些时刻，如果能够保持冷静，用幽默、戏谑的方式来缓解尴尬，通常会取得意想不到的效果。灵机一动的幽默回应最容易被人接受，它能让大家开怀大笑，在善意的笑声中，任何尴尬都能得到化解。

总之，化解尴尬的方式多种多样，可以根据当时的境况进行灵活应变。最重要的原则是，不要让自己陷入尴尬的境地，被其控制，应主动出击，积极寻找方法来化解它。

严肃的话轻松说

严肃的话语往往让人感到压抑，显得呆板乏味。要是能用幽默的方式表达观点，不仅能让人愉快地接受批评或建议，还能感受到语言的优美与风趣。

唐弢在回忆鲁迅教育年轻人时说过：

有些青年不懂得当时政治的腐败，光在文章里夸耀中国地大物博，看得多了，鲁迅先生叹息说："倘是狮子，夸说怎样肥大是不妨事的，如果是一口猪或一头羊，肥大倒不是好兆头。"

有些青年一遇上夸夸其谈的学者，立刻被吓倒，自惭浅薄。这时候，鲁迅先生便又鼓励他们说："一条小溪，明澈见底，即使浅吧，但是却浅得澄清。倘是烂泥塘，谁知道它到底是深是浅呢？也许还是浅点好。"

鲁迅先生的话既阐明了事理，又不乏风趣幽默。实际上，幽默的表达方式能够让人铭记在心，留下深刻的印象，并能有效传达观点。鲁迅的文章大多充满嬉笑怒骂和辛辣的讽刺，展现出幽默与调侃的语言风格。掌握这些技巧后，在表达观点时你就不必再担心说得不清楚，口才自然会大为提升。

老师批评学生是一件严肃的事情，往往会引起学生的反感，影响教育效果。在这种情况下，老师可以尝试将批评的氛围变得轻松一些。下面这位老师的做法就很不错：

刘杰于课间在教室里追逐打闹，搞得教室里乌烟瘴气，惹得其他同学怨声载道。恰好班主任老师走了进来，刘杰见状，急忙三步并作两步回到自己的座位旁，双手撑在桌子上，身体弹起来，迅速坐到椅子上，动作非常灵活。

同学们看到老师来了，纷纷向他告状，希望能够批评调皮的刘杰。老师看到这样的场面，心里有些生气。然而，这位老师并没有批评刘杰，而是笑着说："同学们，刘翔是2004年雅典奥运会跨栏冠军，将来我们班也要出一位跨栏冠军，那就是刘杰同学！"

老师的话逗得同学们都笑了，刘杰同学红着脸，低下了头。从那以后，他再也不在教室里乱跑乱跳了。

正如法国演讲家雷曼麦所说："用风趣幽默的方式处理严肃的问题，比直截了当地处理更容易被接受。"就像案例中的老师，面对学生违反班级纪律时，他并没有严肃地批评对方，而是用风趣幽默的方式表达自己的观点。这一方面体现了老师宽容的品格，另一方面通过幽默的语言拉近了师生之间的心理距离，让学生意识到老师也有风趣的一面，并不是只会板着脸进行批评。这样的做法能减轻被批评学生的心理压力，让学生在笑声中理解到老师的用意，从而增进师生关系。

有时候，弄错别人的名字确实是件既严肃又尴尬的事情，但不必过于担心，轻松开个玩笑，事情往往就能迎刃而解。

一位姓陈的先生拿着名片去拜访一位周姓先生。周先生经常读错字，竟把"陈"字误读为"东"字，迎客时连声说道："欢迎东先生！欢迎东先生！"陈先生不露声色，回应道："吉先生不必客气，吉先生不必客气……"

主宾落座后，周先生显得有些不高兴，问道："我姓周，为什么叫我'吉'先生？"陈先生从容地回答："我姓陈，您为何叫我‘东’先生？你割了我的耳朵，我也就得剥你的皮啊……”

周先生意识到自己读错了对方的名字，连忙赔笑道歉。双方在笑声中，很快把误会化解了。

在与人交谈时，可能会遇到一些严肃的话题。要是我们的语气和表情也很严肃，这势必给对方带来很大的心理压力，使谈话氛围变得凝重。如果能够轻松地表达这些严肃的话题，往往会有助于改善交谈的效果。

放下争论，言归于好才能双赢

为人处世中的许多事情，没有几件是值得我们拿友谊作为代价、用争强好胜的方式去获得的。但是，生活中却偏偏不乏如此之人。比如，我们常常看见有些人聊天时，聊着聊着就争论起来了，若在旁细听，他们争的并非什么重大问题，不过是些极其枝节的小事。其实，在有修养懂说话分寸的人看来，这些争吵者的观点往往是一致的，可是他们却都以为对方完全站在自己的对立面，弄得大家都非常不愉快。人人都知道这是一种十分常见的有害的毛病，但有许多人就是无法克服。

在一切交流中，除了交谈者彼此都能虚心地、不存半点成见地在某个问题上进行真诚的讨论之外，应该避免一些不必要的争论。特别是在朋友之间的私人聊天中，千万不要为了一点芝麻小事而争论不休。

销售员张丽长得很漂亮，刚来到公司，就受到大家的欢迎。张丽还是个热心肠，总喜欢帮助同事，然而让人没有想到的是，一个月后大家对她的态度竟然冷漠起来了，甚至有好几个女同事见到她总是板起面孔，更为糟糕的是，整整一个月，她的业务成交量居然是零。

张丽很苦恼，找到一位做人力资源的朋友，说出了自己的困扰。在聊天过程中，朋友发现张丽有个很不好的习惯，那就是只要别人说了她不认同的话，她总是找理由与对方发生争论。

“张丽，你听我说。”朋友终于无法忍受张丽的喋喋不休，“我相信你来找我，不只是为了和我进行争论吧。”

张丽下意识地张了张口，想去反驳，最终还是闭上了嘴巴。

朋友接着说：“无论有多少优点，如果不改掉爱争论的缺点，你永远无法得到同事们发自内心的认可。所以，无论是你希望回到同事们身边，还是希望业绩能大幅度提高，你首先都应该学会认同他人，克制自己反驳的欲望……”

张丽听了朋友的话，回到公司后，再也不和同事因某一件小事而发生争论了。同事们发现张丽改掉了这个坏习惯，渐渐地也就接纳了她。如此一来，张丽不但重新找回了在公司里的好人缘，还成了公司新人中的销售冠军，领导看她的眼神也从无奈变成了赞赏。

那些喜欢与人争论的人，是否以为可以用争论压倒对方，给自己带来很大的利益呢？有修养懂说话分寸的人指出，好与人争论，只会弊多利少，有害于己。第一，好与人争，会损害别人的自尊心，易使人对你产生反感乃至厌恶情绪；第二，好与人争，很容易使自己犯专挑别人错漏的恶习；第三，好与人争，逞强好胜，易使自己产生傲慢情绪，自以为是；第四，好与人争，长此下去会失掉朋友，孤立自己。

那么，在交谈中，面对争论时该如何把握好对应的分寸呢？可以参考以下建议：

1. 先听取对方的意见

人都有一种欲望，就是想把心中的疑惑倾吐出来，当这种欲望未得到满足时是无法倾听别人意见的。否则，对方总会感觉自己没有受到尊重，就会产生抵触情绪。因此，当你想让对方接受自己的意见时，不妨先听一听对方的意见。

2. 表达意见时态度要温和

人们对别人在争论中居高临下的态度，往往会产生反感，自然就不想改变自己的想法了。

因此，与人争论时，切勿感情用事，言辞也不要过于激烈。换句话说，当对方反对你的意见时，切勿不顾一切地让对方接受你的意见，因而引起激烈的争论。如果你心平气和地说出自己的想法，对方就愿意倾听，很有可能不知不觉地接受你的意见。

3. 争论时适当让步

双方发生争论时，每个人都认为自己的观点是正确的，认为对方的观点是错误的。其实不管是何种争论，每个人的意见都可能有合理的成分。因此，当你与别人展开争论时，不妨对对方的某一项意见表示让步，这样利于找出双方的共同点。你为对方的某些意见做出让步，对方也会为你的某些意见做出让步。

4. 不要急于回答对方的质问

当你受到对方质问时，不妨先注视对方的脸，隔一会儿再答复。这样能够给对方一种心理满足感，使其认为他所说的话，引起了你的思考。即使你不得不反驳对方的意见，也不必立即进行反驳。否则对方会以为你主观武断，根本没有考虑过他的意见。

5. 借人之口表达你的观点

每一个人都有一种心理倾向：不信服自卖自夸的人。当你与别人展开争论时，最好让其他人替你说出你的观点。在这种场合下，即使你的主张与对方不同，起码不至于伤害到对方的自尊心。

6. 争论时别伤了情面

当你与别人发生争论时，要注意保全对方的情面。人在发表了自己的看法之后，即使察觉到观点有偏差，也不会轻易改变，因为每个人都有自尊心，一旦承认了自己的意见不正确，就会因此被别人看低。所以为了保全对方的面子，你最好给对方一个台阶下，这样利于融洽双方的关系，弥合彼此的分歧。

诙谐风趣可以增加亲和力

幽默是一种高水平的智力活动，幽默的语言就像润滑剂，可以有效降低人与人之间的“摩擦系数”，消除对方的怒火，缓解紧张情绪，化解冲突和矛盾。同时，它也能帮助我们从容应对沟通中的困境。因此，在语言表达中，灵活运用幽默，有助于更好地实现自己的目标。

一位演员在表演名为“高空踩蛋”的绝活儿时，不慎将鸡蛋踩碎了，台下观众顿时哗然。此时，主持人机智地说了一句话，让全场观众大为赞赏，他说：“为了让大家见识到杂技的真实性，证明演员使用的是真鸡蛋，他故意踩碎一枚，目的是让大家看得更加清楚。”

不巧的是，主持人刚说完这句话，演员又踩碎了一枚。台下观众纷纷将目光转向主持人，似乎在问：“这下你还有什么话可说？”只见主持人无奈地说道：“唉，真让人气愤，假冒伪劣产品害人不浅，屡禁不止，没想到连母鸡也开始模仿了。”

几句简单的话，直接将观众的情绪引向高潮，既惊艳全场，又让大家佩服不已。

1944 年 3 月，美国在二战期间举行总统选举，罗斯福再次当选。一位报社记者就他的第四次连任进行采访，罗斯福只是笑着将面前的三明治推给记者。记者知道总统请他吃的不是什么大餐，还是觉得十分荣幸，于是很快吃完了。接着，罗斯福示意他再吃一片，记者又吃下一片。之后罗斯福又邀请他吃第三片，记者有些受宠若惊，尽管已经饱了，但还是硬着头皮吃了下去。这时，罗斯福微笑着说：“您提出的问题，我已经给出了最好的回答，想必您已经亲身体验到了吧。”

罗斯福用这句话作为回应，不仅充满幽默感，还展现出他那种不开口则已，一开口便让对方“问无可问”的智慧。这也证明了罗斯福是一个热爱生活的人，只有热爱生活的人，才能在日常生活中发现这种既有说服力又富有幽默感的事情。

在与人交流中，幽默风趣的谈吐可以让你展现出惊人的亲和力，而幽默则是亲和力的“形象大使”。那么，什么才算是真正的幽默呢？是始终保持欢笑、滑稽和诙谐，还是在交流中多用比喻或夸张，或是“期待却扑空”的幽默效果？这些元素都与幽默密切相关，但并不等同于幽默本身。那么，什么才是幽默呢？有人曾形容：“幽默就像百慕大三角一样神秘；如同蒙娜丽莎的微笑般难以捉摸；又如哥德巴赫猜想一般深奥。”虽然难以定义，但幽默往往能让人一开口便吸引全场的目光。

中国现代著名作家、学者、翻译家、语言学家林语堂曾说：“幽默言语不出口则已，一出口便要具备惊艳全场的效果。”而当人们谈论自己对幽默的理解时，常常会通过生动的事例来进行说明。

1860 年，林肯在竞选总统时曾说：“我没有其他依靠，唯有你们的支持，这才是我最大的依靠！”这一句话深刻表达了他对民众支持的重视。

具体事情是这样的，林肯赢得州选后，正式成为总统候选人，开始为竞选做准备。他的竞争对手迪格拉斯非常富有，竞选时租用专列，还组建乐队，每到一个地方就鸣礼炮。迪格拉斯认为这样做可以吸引民众的关注，提升自己的人气，从而获得广泛的支持。他对此非常得意，甚至表示：“我必须让林肯明白，他无法战胜我，他就是一个乡巴佬，根本没有实力与我争夺总统职位。”

反观林肯，既没有专列，也没有乐队，更不用说鸣礼炮了。他乘车还得自己买车票，每到一个地方，只有一辆简易的马车作为交通工具。尽管如此，林肯在每个地方都与选民幽默而亲切地交流，他说：“有人关心我的财产情况，现在我来向大家汇报一下。我虽然一穷二白，但我有一个幸福的家庭，我的妻子和儿子都是无价之宝。此外，我还有一间自己的办公室，里面一桌三椅，还有一个书架，上面放满各种有趣的书籍，值得反复阅读。我身体不强壮，脸也很长。我没有其他依靠，唯有你们的支持，这才是我最大的依靠。”

当富豪迪格拉斯向林肯叫嚣时，林肯并没有立刻做出回应。当他开口时，讲出的话立刻引起民众的同情，惊艳了演讲现场，成功地吸引到更多的关注。林肯以真诚且幽默的方式回应了对手的挑衅，展现出他的智慧和魅力。这样的表现让他在竞选中赢得了更多支持，彰显出了他作为领导者的非凡能力。

有修养懂说话分寸的人指出，幽默能够促进人际关系的融洽，化解人与人之间的隔阂和矛盾，人们普遍喜欢与有幽默感的人交往。在西方，缺乏幽默感常常被视为缺乏魅力，甚至是愚蠢的。难怪许多人说：“男人可以承认任何错误，绝不能承认自己缺乏幽默感。”还有人说：“如果一个人既富有又幽默，那么在必须做出选择时，他必然会选择放弃财富而保留幽默感。”

幽默是一种创造性的能力，需要根据对象、环境和当时的气氛灵活应变。那么，在运用幽默时，如何把握好分寸呢？可以参考以下建议：

1. 幽默要注意场合

幽默并不是在任何场合都适用，需要注意具体的环境。例如，当大家正在专心开会时，你突然插入一两句幽默的话，可能会逗笑周围的人，但正在发言的同事会感到你对他不够尊重，认为你对他的发言不感兴趣。因此，选择合适的时机和场合来运用幽默是非常重要的。

2. 幽默要高雅

幽默是一种语言艺术，它不仅仅是逗人发笑。运用幽默语言进行表达时，应该避免低俗和粗鄙的内容，否则，容易引起对方的反感，让人觉得你思想不健康，品德有问题。

3. 不幽默时无须硬要幽默

幽默不应是刻意的表现。条件不允许，而你强行展示幽默，会导致气氛变得非常尴尬，自己也会陷入尴尬的境地。

第五章

策略：说得好，更要说得妙

日常交谈中，许多人说起话来漫无边际、让人摸不着头脑，还自以为能说会道，却不知别人根本不知道他想表达什么。要想把话说得精、说得妙，并不在于话的多少，而在于说话的技巧。那些有修养懂得说话分寸的人，说出的话往往能打动人，达到交谈的目的。

顺意反诘，让对方学会反思

一位工人经常上班迟到，这一天又被车间主任抓个正着。

主任问他：“你为什么又迟到了？”

工人答道：“我睡过头了。”

主任说：“哦，为了舒舒服服地睡觉，你就耽误工作时间呀？”

工人嬉皮笑脸地说：“国外有个伟人不是说过吗？不会好好休息的人就不会好好工作，我多睡一会儿正是为了更好地工作。”

主任回应道：“国外那位伟人确实说过这样的话，他可没说过为了休息而耽搁工作。”

这里，主任先认可工人的观点，接着指出国外伟人并没有为工人的迟到行为辩护。他的态度坚定，令工人无法反驳，只得默默接受教育。

某人错误不断，却毫不在意。朋友劝他：“你不能总这样啊！作为朋友，我觉得有必要提醒你，很多人对你知错不改的态度非常有意见，背后纷纷议论你。”

他却回应：“我走我自己的路，别人爱怎么说就怎么说吧！”

一般人听到这种话可能会非常生气，觉得自己好心提醒却得不到回应，“你就去走你的路吧”！但他的朋友却非常豁达和机智，淡定地说：“没错，如果你走的是正道，我不在乎别人怎么说。你现在走到悬崖边了，难道不需要有人提醒吗？”

这位朋友的反驳方式与前面提到的车间主任类似，都是先认可对方的观点，然后巧妙地转折，通过反问来驳斥，使对方陷入进退两难的境地。

在与别人争论时，我们常常只关注对方的不足，而忽视了自己的缺点。以下是一个相关的笑话：

两位老朋友在街头相遇。

甲问："最近忙些什么？"

乙答："闭门思过。"

甲竖起大拇指："好啊！我们确实应该时常反省自己。"

乙说："你误会了，我是在思考别人的过错。"

甲愣住了，一时无法回答。

通过这个笑话，可以看出，有些人有闭门反省的心态，考虑的却是别人的错误，这种人实在让人无奈。反思他人的过失可以帮助他们改正错误，但我们更应该关注自身的缺点。

有位女人做不耻之事被捉住，依照当地法律应该处死，愤怒的村民手里拿着石头、棍棒，将她带到智者面前，只待智者发话。

智者当时正在写字，见此情形，并没有说话。众人见智者没有说话，又问了句："她大逆不道、伤风败俗，该如何处置？"

智者停下手中的笔，说："你们中间谁没有罪，谁就可以用石头砸她。"

说完，他继续写。

听了这话，众人纷纷离去，最后只剩下智者和那女人。

智者站起身来问："那些人去哪儿了？没有人定你的罪吗？"

女人回答："没有。"

智者说："我也不能定你的罪。去吧，以后不要再犯错了。"

每个人都会犯错，但在发现他人不足时，首先应自我反省，并以最大的宽容对待他人的错误。否则，就会成为一个只关注别人缺点而忽视自身问题的人。

有这样一个例子：

在一个院子里，住着张老太太和李老太太两户人家。张老太太常常批评李老太太懒惰、不注意卫生。

只要家里来了人，张老太太就说："你看，李家老太婆太懒，衣服总是洗不干净，你看她晒在院子里的衣服上都是污点。我真不知道，她活了大几十年，连这点小事都做不好……"

一天，张老太太的家里来了位朋友。这位朋友很机灵，听了张老太太的抱怨后，立即察觉到问题。他拿起一块抹布，在张老太太的玻璃窗上一擦，抹布立刻沾满灰尘。

他对张老太太说："您再看看，那位老太太洗后的衣服不那么脏了吧，实际上是您自家的窗户玻璃太脏了……"

有些人总是对他人颇有微词，但往往问题是出在自己身上。当一个人背对太阳时，眼前会映出自己的影子，在别人看来，你的脸上就是一片漆黑。因此，不要总是挑剔他人的缺点，学会反省自己，这样才能逐步提升自己的修养。

在为人处世中，争辩时常发生。有些争辩合乎逻辑，而有些则完全不按常理出牌，类似于诡辩，让人晕头转向，即使明知道对方无理，却往往无力反击。

对于那些不讲道理的人，他们的结论常常荒谬不堪，却还喜欢引用名人的话来证明自己的观点，表面上看似乎非常严谨。

例如下面的这个例子：

一对新婚夫妇，丈夫还没完全适应婚后生活，下班后依然和朋友一起吃喝玩乐，常常通宵不归。妻子对此非常不满，埋怨丈夫不够重视家庭。

丈夫却引用古语回应："古人云：'两情若是久长时，又岂在朝朝暮暮？'虽然我陪你的时间少了些，帮忙做家务也不多，但我对你的爱就像'冬天里的一把火'。"

妻子听了这番话，既气又笑，反驳道："那你干脆以后不要回家了，等我们的感情长久了再说吧。"

妻子的话虽是气话，却巧妙地反击了丈夫的花言巧语，让他无言以对。

顺着对方的意思进行反问，进而引发对方反思，是一种有效的沟通技巧。这要求反问者具备丰富的知识和敏锐的辩论能力。通过反问，可以帮助对方意识到自己的不足之处。要想将“顺意反诘”的技巧运用得当，需要我们在日常生活和工作中多加思考，多积累知识。

巧捕战机，关键时刻进行反击

美国第32任总统罗斯福刚刚上任时，受到许多人的批评，其中最激烈的是亨利·门肯。

在一次聚会上，各类政治人物齐聚一堂，记者们在会场内外忙碌着。不久，轮到了罗斯福发表演讲。他清了清嗓子，微笑着看向亨利·门肯，说：“各位先生、女士，我的朋友亨利……”

听到这样的开场白，亨利·门肯显然感到意外。接着，罗斯福竟然开始批评美国的新闻界，指责记者们的无知、愚昧和自负。在场的记者听到这些指责，面面相觑，感到困惑且莫名其妙。不过，随着罗斯福讲话的深入，他们逐渐明白，原来罗斯福所说的正是门肯在《美国新闻界》一文中提到的观点。

有修养懂说话分寸的人指出，说话不仅要掌握分寸，还要抓住时机。在别人故意刁难的情况下，巧妙运用语言进行恰当反击，而又不失自己的身份，这就说明说话的技巧已经达到相当高的水平。

1800年，约翰·亚当斯参与美国总统竞选。当时，一位共和党人严肃地指控他曾派遣竞选伙伴平尼克将军前往英国，挑选四位美女做情妇，并把其中两位送给平尼克作为酬劳，其余的则留给自己。

对此，约翰·亚当斯风趣地回应道："若真是这样，平尼克将军一定瞒着我，把四位美女全都独吞了！"周围的人听后，忍不住哈哈大笑起来。

这种花边新闻对总统候选人来说无疑是个致命打击。亚当斯机智应对，用幽默化解了尴尬的局面，同时巧妙地表明自己对这一指控毫不知情，显然是有人在造谣。这样一来，一个本来严峻的问题转瞬变成笑谈，让人不禁佩服亚当斯的口才。

很多人相信"沉默是金"，但在某些情况下，沉默未必是最好的选择。面对恶意指控时，总是保持沉默，不予反驳，可能会遭到更多的误解和羞辱。

有修养懂说话分寸的人，在任何情况下总能保持清醒的头脑，一旦机会出现，便迅速做出反应，让对方陷入被动。

那么，在反驳过程中，常见的失误可以为我们提供一些有利的切入点，该如何把握好分寸呢？可以参考以下建议：

1. 表达上的错误

在这里，有必要先解释一下"表达"的含义。表达是指通过语言将思想"传达给他人"，辩论就是一种思想表达的形式。在紧张的辩论中，对方常常会出现"急不择言"或"措辞不当"的情况。这些表达上的失误，往往为反击提供了良好的机会。

苏联诗人马雅可夫斯基喜欢在公众集会上朗诵自己的诗作。他经常收到各种纸条，有的表示支持和欢迎，有的提出问题，还有一些则是无理的攻击和辱骂。一次，他收到这样一张纸条："马雅可夫斯基，你认为自己是无产阶级集体主义的诗人，但你的诗中却频频出现'我''我''我'，这说明了什么？"

马雅可夫斯基当众读出纸条的内容，稍作思索后回应道：

“哦，你以为尼古拉二世是个集体主义者吗？他常常说‘我们’尼古拉二世……可见，并不是在任何场合都可以使用‘我们’。比如，当你向姑娘表白时，难道会说‘我们爱你’吗？如果这样，她只会反问：‘你们有几个呀！’重要的是，你们要永远记住：‘我’是一位苏联公民。还有，为什么我在谈论自己或以自己名义发言时，也代表了你们呢？因为我首先认为，我的笔已经献给今天的时代和为时代服务的人们……苏联政府和我们的党！”

马雅可夫斯基以幽默风趣的方式批驳了对方的错误，使对方无言以对。

2. 认识上的错误

在这个纷繁复杂的世界中，由于先天或后天的各种原因，人们的思想和认识不可能完全一致。这种认识上的差异在辩论中表现为激烈的思想交锋。利用对方认识上的失误进行反驳，是辩论取得成功的最佳良机。

明确的立场和有力的辩论能够有效驳斥无端的指控和诬蔑，使对方陷入困境。胜利在于巧妙捕捉对方的错误，进行有力反击，从而彻底击败对手。

3. 逻辑上的错误

人的思维是客观世界的反映，而客观世界的发展遵循其自身规律。在撰写文章、发表演说或进行辩论时，逻辑推理不可或缺。因此，捕捉对方逻辑上的错误，往往是进攻的良机。

一天，马晔和好友陈斌一起吟诵千古名篇《滕王阁序》。当他们读到“落霞与孤鹜齐飞，秋水共长天一色”时，不禁拍案叫绝。随后，陈斌感叹道：“王勃这样的才子，二十多岁就早逝了，真可惜啊！真是智力早熟的人往往会早逝啊！”马晔对此颇感疑惑，问道：“怎么，智力早熟的人难道都早逝吗？”

“是的，所有智力早熟的人往往都会早逝。”陈斌再次坚定地回答。

“这可不对，许多智力早熟的人并没有早逝。比如，比王勃晚 100 多年的白居易，他五六岁就能作诗，9 岁便通声律，却活到 74 岁。还有控制论的创始人诺伯特·维纳，10 岁入学，14 岁毕业于哈佛大学，活到 70 岁。他们都是智力早熟的人，并没有早亡呀。”马晔为自己的观点进行辩护。

在事实面前，陈斌不得不承认自己观点的错误。他的逻辑错误显而易见，即大前提“智力早熟的人都早逝”并不成立，这导致整个推理的错误——智力早熟与早逝之间并没有必然的联系。

一位学者曾指出，在现代人类事务中，伟大的要素主要有两个：能力和敏捷。前者通常是后者的产物。从某种意义上说，善于捕捉反驳机会是辩手思维敏捷的重要体现。能够在辩论中及时识别并反驳对方错误的人，往往在辩论中更加从容自如，游刃有余。

虚实结合，把想说的话说巧

以虚对实的策略是在特定场合下，由于某种原因或需要，面对他人的问题，自己既无法拒绝回答又无法明确回答时，常常采取的一种似乎全面但实际上空洞的“废话式”回应。这种方法的精妙之处在于：它是一种巧妙的回避方式，既像回答又不是真正的回答。

之所以说“似答”，是因为它表面上对问题进行回应；而称之为“非答”，则是因为所给的回答内容空泛且有意让对方感到不满意，从而使这个“回答”实际上毫无意义。这是以虚应对实的策略，展现出智慧的“语言敷衍”。

这种方法不仅使对手难以深入探究，同时巧妙地隐藏了自己或事物的真相，从而创造出一种含糊且复杂的语言境界。在某些情况下，虽然对方并非故意挑衅，但问题本身内涵深刻，表述起来较为困难，不是几句简单的话就能清楚说明。这时，同样可以采用以虚对实的策略，无须实言相告，而是用虚言回应。

某工厂有位老工人，几十年来勤勤恳恳，为企业和大家做了不少好事，一直踏实工作，默默奉献。一天，一位小伙子问他：“老伯，您辛辛苦苦工作这么多年，既没当上官，也没发家致富，您到底图什么呢？”

这是一个涉及人生态度和思想境界等方面的问题，短时间内很难说清楚。即便说清楚了，小伙子也未必会认同。于是，老工人笑着回答：“确实，我还没仔细思考过这个问题，或许有朝一日我得去请教佛祖呢！”

这句话既展现出老工人的精神品质，又让小伙子自讨没趣，不再深究。以虚对实不仅可以通过含糊的回答来应对直接的问题，有时也表现为用虚言来淡化实言，使实言失去其存在的基础。而虚言因其不可捉摸的“玄妙”，反而能产生某种意想不到的效果。

当年，王光英到香港创办光大实业公司。有一次，他刚下飞机，就被一位女记者以轻蔑的口吻问道：“你带多少钱来？”

王光英先是一愣，片刻后便面带微笑地回答：“对女士不应问岁数，对男士也不应问钱数。小姐，这可是基本常识，你觉得呢？”

在场的记者都忍不住哈哈大笑起来。

王光英机智地巧妙应对，不仅让自己摆脱了尴尬，还给人留下了良好的印象，相当于为他的新公司做了一次无成本却效果显著的广告。面对这样口才出众、反应灵活的企业家，谁能质疑这家公司不会蓬勃发展呢？

以实对虚是指当某些对手故意使用一些虚幻且无法验证的论题，企图难倒对方时，回应者则反其道而行之，用一些具体且实在的答案进行反击，从而赢得胜利。

从前，有位国王召见修道院院长，说："听说你是个聪明人，知识渊博，那我问你：天地之间有多远？给你三周的时间来思考答案！"

院长回来后绞尽脑汁，也想不出答案。一位磨石工得知这件事，愿意替他去见国王。

三周后，磨石工打扮成院长的模样，来到皇宫。

国王直截了当地问："天地之间相距多远？给我一个明确的答案。"

磨石工回答道："陛下，天地相距 129872 公里又 6 米 54 厘米 3 毫米。"

"这个答案实在惊人。你是怎么得出这个数字的？它可靠吗？"国王问道。

"请陛下去测量，若有半点差错，我甘愿受罚——砍我的脑袋！"磨石工自信地回答道。

国王对磨石工的应对颇为赞赏。

国王试图让对方说出当时无法测量的天地之间的准确距离，以此来为难他。磨石工随便报了一个看似精确的数字，由于国王无法验证其真实性，这样便巧妙地化解了国王的挑战。

这种以实对虚的方法，特点在于：对手的论点是虚的且无法验证，而回应的内容虽然同样无法证实，却以"实"的形式出现。这种"实"可以是大或小，也可以是远或近。总之，应根据具体情况选择对方无法验证的"实"进行回应。

由于对方无法验证其真实性，只能接受这种似真似假的回答，从而主动让出论辩的控制权。

恰巧，还有一位国王自以为很聪明，喜欢出难题来为难他人。

有一次，国王召集1000位学者，问他们“世界的中心在哪里”，自然没有人能回答出来。国王得意不已，立刻发布告示，征求能解答这个难题的人，并宣布答对者有奖，答错者要受罚。

人们看过告示，纷纷摇头离开，只有一位牵着毛驴的人来见国王。国王问：“怎么，你知道世界的中心在哪里？”

“我当然知道，”那人胸有成竹，“世界的中心就在我驴子左前蹄踩的地方。”

“一派胡言，我不信。”国王笑道。

“陛下，如果您不信，就把整个世界量一量吧！要是错了，就罚我好了。”

“这、这、这……”国王思索半天，竟一句话也说不出来。

其实，国王根本无法测量出大地的中心。牵毛驴的人随便指眼前的一个地方，国王又找不到依据来否定他，只能哑口无言。需要注意的是，这种以实对虚的方法仅适用于对付无理取闹者和故意刁难的人，不能用来替代严谨的科学表述。

激将有方，让对方不得不做

激将法是一种交流策略，通常通过将任务描述得极具挑战性，暗示对方可能无法胜任，从而激发对方的积极性和承担责任的愿望。这种方式常常能促使对方下定决心去完成任务。

激将法之所以有效，主要在于它能够激发个人的自尊心。心理学研究表明，渴望获得他人尊重是人类普遍的心理需求。当你认为任务很艰巨时，对方会认为其实并不难；当你暗示他们无法胜任时，他们会更加坚定地表示自己可以做得很好；而如果你提议寻找其他人选，他们会觉得你在看不起他们……这都是维护自尊心的心理动因在起作用。

周灵王九年（公元前563年），宋平公子成（公元前575年—公元前532年在位）因受到楚国和郑国的频繁侵扰，向晋悼公寻求支援。

晋国的上军元帅荀偃和中军副将士匄认为，要从楚国手中夺回郑国，首先需要稳定宋国，并攻占楚国侵宋的桥头堡逼阳（今山东省枣庄市南）。这样一来，可以切断楚、郑对宋国的侵袭路线，确保晋国的安全；同时，还可以将逼阳封给对晋国有贡献的宋国大夫向戌，以增强宋国对晋国的归附之心。

晋国中军元帅荀罃见荀偃和士匄对攻打逼阳的决心很坚定，便故意说道："逼阳虽然小，但城池坚固。对我们这样的大国而言，即使攻下来了，也不算什么重大胜利；若攻不下来，必将被各诸侯国嘲笑。"

荀偃和士匄回应："一切责任由我们承担，要是不能成功，愿意接受军法处罚。"

晋悼公同意他们的看法，于是荀罃便命令荀偃和士匄带领晋军攻打逼阳。鲁、曹、邾三国的军队也随同出征，待命调遣。

在最初的逼阳战斗中，鲁国的三位勇士叔梁纥、秦堇父和狄虒弥各显神通。叔梁纥力挽千斤重的闸门，狄虒弥则用蒙甲大车轮作为盾牌，而秦堇父则用布绳攀缘逼阳城。这几位勇士的英勇表现令逼阳守军心生恐惧，不敢出城迎战，只能龟缩于城内坚守。

然而，逼阳城高且坚固，晋军经过昼夜不停的围攻，持续了二十多天却仍未攻下。连续的攻坚战使晋军士兵出现疲惫现象，而守军则显得游刃有余。偏偏天气也不作美，连日大雨使逼阳城外积水深达三尺，晋军开始出现骚动和不安。

荀偃和士匄见状，担心如此下去会出现意外情况，便一起前往中军请见元帅，要求撤兵回国。

荀偃面带愧色，对元帅荀罃说道："我们本以为逼阳城小而易攻，没想到久攻未下。如今天降大雨，正值夏季，担心会有瘟疫流行。此外，西面有泡水，东面有薛水，东北还有漷水，这三条河与泗水相连。如果大雨继续，河水可能泛滥，那时我们恐怕连撤退都难以实现。不如现在暂时退兵，待日后再围攻。"

荀罃听后大怒，拿起面前的案几向两位将领砸去，还大声骂道："当初本帅说逼阳城虽然小但非常坚固，不一定能够攻克，但你们二人偏偏不听劝阻，执意要来，并在国君面前主动请战。我当时担心扰乱军心，就没有反对你们。现在已经围攻了这么长时间，没有任何进展，反而借口天降大雨请求退兵。战是你们提出的，想退兵可由不得你们。国君为了支持你们，调动诸侯的军队，现在你们不想进攻，还想把罪名安在我头上，将来可以说退兵是我下令的。要不把逼阳城攻打下来，这样的重罪我可担当不起。现在我给你们七天的时间，必须攻下逼阳城，如若不然，定按军法斩首。"

荀偃、士匄二人顿时吓得面如土色，匆忙撤退。

荀偃和士匄回到营中，立即召集本部各位将领，对他们说："元帅给我们下达七天攻占逼阳城的命令，要是七天攻打不下来，就要把我们斩首。我们与众位将领立个期限，六天内必须攻下逼阳城，要是攻不下，先杀了你们，然后我俩自刎，以正军法。"

众将听后，一个个面面相觑，谁也不敢说话。

荀偃还说："军中无戏言。攻城之时，我们二人身先士卒。"

这时，恰好天已放晴，地上的积水稍稍退去，荀偃、士匄率领将士们开始攻城。城内守军拼死防守，滚木雷石从城头纷纷而下，箭雨密密麻麻，荀偃和士匄不顾个人安危，冲在最前面。一攻一守，一连多日，势均力敌。随着城内箭石耗尽，胜负立见分晓，在紧急猛攻下，城上守军抵挡不住，荀偃率先攻上城头，士匄紧随其后，将士们也纷纷登城。晋军取得胜利，占领了逼阳城。

这次战役，从攻城到最后的胜利，仅用了五天时间。如果不是荀罃激励两位将领，恐怕围攻逼阳将会无功而返。实际上，这种激励在心理上大大鼓舞了他们的士气。激将法的本质在于激发人们的好胜心，让他们抛开一切顾虑，毫不犹豫地去争取所渴望的目标。

有修养懂说话分寸的人指出，运用激将法时，除了考虑对方的身份外，还需关注他们的性格。一般来说，一个人的性格通过言谈举止和表情会显露出来。比如，快言快语、举止利落、目光犀利且情绪激动的人，通常性格急躁；直率热情、活泼好动、反应敏捷、乐于交际的人，往往性格开朗；而表情细腻、眼神沉稳、说话缓慢且举止得体的人，通常性格稳重；安静、内向、不苟言笑、喜欢独处的人，性格偏向孤僻；喜欢夸夸其谈、自我夸耀且好为人师的人，通常骄傲自负；懂礼貌、讲诚信、实事求是、心平气和且尊重他人的人，通常是谦虚谨慎的人。对于性格各异的谈话对象，必须具体分析，区别对待。例如，面对那些自负的人，因为他们非常看重面子，可以从正面入手，赞美他们，让他们心里高兴。这种类型的人，夸奖他们能力强、格局大、有本事，他们会主动表现，向你证明自己的能力。

运用激将法常常能激发出意想不到的能量。在某些特殊情况下，这种方法是一种非常有效的策略。掌握好激将法，能够让你在交流中事半功倍，轻松取胜。

正话反说，能收到意想不到的效果

在为人处世中，有修养懂得说话分寸的人，在日常与人交往中，离不开正话反说。这里的正话反说是指所说的话与其字面意思截然相反。比如，字面上看似肯定，实际上真正想要表达的是否定；而字面上是否定的意思，实际上真正想要表达的是肯定。

五代十国时期，后唐的庄宗皇帝非常热衷于打猎。有一次，他带着一群人到中牟县进行狩猎。为了追捕一只受伤的野猪，他们不小心踩坏了许多农田里的庄稼。

中牟县的县官见状，鼓起勇气劝阻他们停止追赶。然而，唐庄宗正兴致勃勃，看到有人阻拦，便勃然大怒，立刻下令将县官捆起来，准备处决。皇帝权力至高无上，周围的人心中不满，但无人敢多说什么。

敬新磨是一位伶人，正陪在唐庄宗身边。他想要救这位无辜的县官，便灵机一动，冲上前大声斥责："你这糊涂的家伙，亏你是个县官！你难道不知道皇上喜欢打猎吗？"县官听到这话，吓得瘫坐在地。唐庄宗见敬新磨替他教训不识时务的县官，心中怒火渐消。

敬新磨抓住机会，继续训斥县官："你这糊涂的家伙，应该把这片地腾出来，让皇上尽情追赶猎物。为什么要让老百姓在这里耕种？难道你就怕他们饿肚子吗？难道你就不怕国家收不到税？"一提到税收，庄宗也开始认真倾听。敬新磨接着说道："皇上打猎的事大，老百姓的生计事小；让皇上开心的事重要，国家税收的事反而次要。"县官这才意识到其中的深意。敬新磨冷冷一笑："难道这个道理你也不懂吗？"

唐庄宗恍然大悟，明白敬新磨是在批评自己因小失大。他意识到事情办错了，不应该再坚持下去，否则不仅会引发部属的不满，还可能给自己带来坏名声。于是，他改变态度，缓和了语气，说道："算了，算了，放了这个县官吧！"

在这个故事中，敬新磨非常有智慧，他巧妙地运用正话反说的优势，收到了使县官起死回生的奇效作用。有时，直接批评可能不易接受，而通过正话反说的方式，含蓄地表达出批评的意思，往往能让对方更容易接受。

晏子的语言智慧可以说是流芳千古的。有一次，齐景公的一匹爱马突然病死，他迁怒于养马人，下令将养马人推出去斩首。

晏子当时在场，略作思索，便跪在齐景公面前，开始指出养马人的"罪状"："大王，您想处死养马人，应该先让他知道自己犯了什么罪才行。让我来列举他的三条罪状，请您听听。"

齐景公点头同意，晏子于是对养马人高声说道："你为君王养马，竟然把马养死了，这是一条罪状；这匹死掉的马是君王最宠爱的，这又是一条罪状；再者，因马的死，君王要处死你，若百姓得知，必然会怨恨君王，邻国若闻此事，也会看不起齐国，让君王背负重马不重人的恶名，这是你的第三条罪状。你如此犯下三条大罪，自然应当处死。"

齐景公听完这些话，意识到晏子是冲着自己，遂改口说道："放了养马人吧！别损害我的仁爱名声。"

晏子表面上迎合齐景公，列举养马人的罪状，实际上每一句都在讽刺齐景公，从反面指出杀掉养马人的潜在危害——"积怨于百姓，示愚于邻国"。这种深意，齐景公自然听得出来，只得选择释放养马人。

许多批评或劝告的话常常需要通过正话反说的方式，这样既能制造幽默效果，又能达到其目的。

例如，妻子在批评丈夫饭后不刷牙时，可能会说："如果你不刷牙，时间久了，牙齿就会变成金黄色，要是再沾上几片绿菜叶，眼神不好的小姑娘可能会羡慕地说：'大哥，您真有实力！我见过金色的牙，但像您这样镶绿宝石的我还是第一次见！'"丈夫听后，必然会感到羞愧，从此再不敢饭后不刷牙了。

再如，有人在批评某市的交通环境时说："乘坐本市的公交车可以提升心肺功能。交通高峰期，能挤上公交车的人一定有'60 岁的年龄，30 岁的心脏'的自豪感，特别是在拥挤、空气质量偶尔不佳的情况下，很多人会选择长时间屏住呼吸的锻炼方式，久而久之，心肺功能肯定会非常强劲。"

可见，正话反说是一种极具魅力的语言技巧，能让人忍俊不禁，甚至捧腹大笑，同时也能留下深刻印象，产生意想不到的效果。

投其所好，你的话更受欢迎

相信许多人看过《宰相刘罗锅》这部电视剧，其中有这样一个情节：乾隆皇帝做寿，文武百官前来祝贺，有的送金银财宝，有的送稀世珍品，只有刘罗锅送了一桶生姜。然而，正是这桶生姜，让乾隆皇帝龙颜大悦，高兴之余还赐予刘罗锅一件黄马褂。

从心理学的视角来看，刘罗锅能够用一桶生姜赢得乾隆皇帝的欢心，并不是因为他善于奉承，而是因为他深知如何迎合对方的喜好。想象一下，身处九五之尊的乾隆皇帝，每天都在为国家和人民操劳，最不希望看到的就是这些官员搜罗天下的财富，然后献给他，只有刘罗锅的那一桶生姜才真正体现了皇帝内心的期望和苦衷，因此赏赐刘罗锅也就理所当然了。

从人性的角度来看，每个人都有喜欢或不喜欢的事物，投其所好就是针对人们的偏好和弱点来行动，以此达成自己的目标。由于投其所好的策略具有很大的隐蔽性，在与人交流时使用这种策略往往能够达到预期目的。

西汉初年，汉高祖刘邦在楚汉相争中打败项羽，平定天下，论功行赏提上日程。这关乎后代子孙的幸福，群臣自然是互不相让，都认为自己的功劳大。如此争来争去，经过一年多仍未达成一致。

刘邦认为萧何的功劳最大，封他为侯，封地也最多，然而，群臣心中对此并不服气，私下里议论纷纷。

在封爵和受禄的事情确定后，众臣对席位的高低又开始争论。许多人认为："平阳侯曹参受伤70次，带兵攻城略地，屡屡获胜，功劳最大，理应排在第一位。"

刘邦在封赏时已经偏向萧何，委屈了一些功臣，因此在席位安排上难以再坚持自己的看法。不过，在他心中，仍然希望将萧何排在首位。

这时，关内侯鄂君看出刘邦的心思，自告奋勇地说道："大家的看法都错了！曹参虽然战功显赫，但只是短暂的成就。皇上与楚霸王相争时，部队常常被打散，而萧何却始终从关中派来援军，填补战线上的漏洞。楚、汉在荥阳对抗的那几年，军中缺粮，都是萧何辗转运送粮食，才保证粮饷的充足。而且，皇上多次避难到山东，都是靠萧何保住了关中的稳定，才能顺利接济皇上。这些才是真正的万世之功。即使少了100个曹参这样的人，对汉朝也不会有太大的影响。你们凭什么认为一时之功高过万世之功呢？所以，我主张萧何排在第一，曹参排在第二。"

这番话正合刘邦的心意，他听后十分高兴，连连称赞。因此，他下令将萧何排在首位，并允许他佩剑上殿，上朝时也不必急行。

关内侯鄂君被加封为"安平侯"，封地增加近一倍。他凭着自己察言观色的本领，舌绽莲花，享尽了一生的荣华富贵。

关内侯鄂君在刘邦打天下的过程中，可以说是位名不见经传的小人物，关键时刻他采取投其所好的策略，说出刘邦想听到的话，刘邦龙颜大悦，为这位知己大加封赏。

投其所好要求在为人处世时，尊重对方的兴趣和爱好，这样更有利于建立良好的人际关系。

那么，在与人交流时，怎样才能把握好投其所好的分寸呢？可以参考以下建议：

1. 注重表面吸引力

大家在学生时期都有这样的体会。那些长相吸引人的学生总能赢得老师的喜爱，因为在老师看来，漂亮就等同于学习优秀。而当成年后步入社会，仍然有许多人持有这样的观点：漂亮就等于品质优秀。

从心理学的角度来看，这是偏好原则在起作用，因为自古以来，人们都喜欢从某一个积极的特征出发，然后形成对这个人的整体评价。比如，某人长得“身材高大，眉毛浓密，面部宽阔，下巴饱满”，通常就会认为这个人未来一定会有所作为。虽然我们都知道评价一个人应该全面和客观，但那只是理想，因为在为人处世中人们既不喜欢也没有那么多时间去做这样的事情，所以很多人在短短 7 秒钟内就被人拒之门外，而有些人却有了一见钟情的缘分。

然而，一个人的长相是无法改变的（除非整容），但可以改变自己的仪态、言谈和行为，从而给别人留下好的印象，你自然会受到对方的欢迎。这也是成功运用投其所好策略的前提，试想一下，一眼看上去就让你反感的人，你还会愿意与他交流吗？

2. 相似性

“物以类聚”大家都听说过吧？通常来说，有着相同兴趣、爱好、观点、性格、背景，甚至穿着风格的人们，更容易产生亲近感。因此，许多销售人员，总在寻找那些能够揭示客户背景和兴趣的线索。如果销售人员发现客户的后备箱中有露营设备，那么他们就会提到自己只要有空就会去远离城市喧嚣的地方；如果销售人员发现客户汽车里放有足球，那么他们就会顺口说希望下午的天气能保持稳定，这样就可以去参加足球比赛；如果销售人员发现客户身上穿了一件品牌的衣服，那么他们就会说自己也喜欢这个品牌的衣服。

因此，要想在交流时有所收获，不是你喜欢什么就做什么或谈什么，而是顺着对方喜欢什么而做什么、谈什么。只有投其所好，才能与对方的关系进一步加深。

3. 接触与合作

一般来说，人们对接触过的事物会产生好感，而对熟悉的事物更会产生偏爱。因为接触可以引发熟悉，而熟悉又可以引发喜爱。因此，在运用“投其所好”策略之前，需要了解对方平时喜欢去哪些地方、喜欢做什么事情等。

当我们对别人表现出兴趣时，别人也会对我们产生兴趣。因此，你想赢得朋友，获得他人的好感，就应该学会迎合他人的喜好，讨论他人最感兴趣的话题。迎合他人的喜好一直是一种隐秘而有效的社交武器，在对方的喜好上做文章，最容易赢得人心，加深双方的关系。

请君入瓮，设下圈套让对方往里钻

女皇武则天时期，她的两位宠臣周兴和来俊臣都善于使用严酷的刑罚，他们常以发明新的刑具来迫使犯人招供为乐。

一次，有人在朝中告发周兴，武则天听后非常生气，命令来俊臣亲自审问，旨意是：“如果得不到口供，就带着他的头来见我。”

来俊臣思考了一会儿，然后派人去周兴的府上，邀请他到自己的宅内喝酒，周兴非常高兴，欣然前往。

来俊臣在喝酒的过程中，叹了口气，对周兴说：“老兄，你我发明了那么多刑具，昨天我奉旨审讯一名犯人，用尽所有的办法他都不招，你还有什么好办法吗？”

周兴听后兴趣盎然，说：“这还不容易！你只要把犯人装进一个大瓮里，四周架起火来烧，他就会承认一切。”

来俊臣听后拍手大笑，说：“周兄真是高见！我们现在就来试试看。”

说完，他就吩咐手下按照周兴的方法准备好大瓮，周围点上炭火。突然，来俊臣从怀中掏出一份圣旨，说：“周兴，接旨。现在有人告发你，如果你不承认，就请君入瓮吧！”

周兴见大事不妙，连忙磕头求饶，表示愿意招认。

来俊臣也是一个酷吏，对周兴的办案风格非常了解，知道自己的办法未必能完成女皇交给自己的任务，便设了一个局，让周兴自己给自己设一个局，然后再把他置于局中。这就是请君入瓮的经典代表，也称“以其人之道，还治其人之身”。

苏格拉底是古希腊著名的哲学家，以其卓越的辩论能力而闻名，被后世称为“最善于辩论的人”。

苏格拉底从小便阅读广泛，通过自学成为一位学识渊博的人。他一生致力于哲学研究和社会活动，旨在帮助人们认识和追求美德。苏格拉底有许多学生，他在教授知识时，从不采用说教的方式，而是通过辩论的形式。在问答过程中，他不断指出学生的错误观点，引导他们得出正确结论。

以下是苏格拉底与他的学生尤苏戴莫斯关于“什么是善行”的对话：

苏格拉底问："年轻人，你知道什么是善行、什么是恶行吗？"

尤苏戴莫斯回答："当然知道。"

苏格拉底接着问："那么，我想问你，虚伪、欺骗、偷盗和奴役他人算是善行还是恶行？"

尤苏戴莫斯回答："这些行为当然都是恶行。"

苏格拉底问："那么，如果一位将军战胜并奴役了危害自己祖国的敌人，这算是恶行吗？"

尤苏戴莫斯回答："不算。"

苏格拉底问："如果这个将军在作战时欺骗敌人，并偷取敌人的物资，这算是恶行吗？"

尤苏戴莫斯回答："不算。"

苏格拉底问："你刚才说欺骗、奴役和偷盗都是恶行，现在怎么又认为不是呢？"

尤苏戴莫斯回答："我的意思是，如果这些行为针对朋友和亲人，那就是恶行，而你提到的情况都是针对敌人的。"

苏格拉底说："好吧，我们再讨论一下对亲人或朋友的情况。如果一位将军在作战时被敌人包围，士兵因伤亡和疲惫而失去斗志。将军对士兵说：'援军马上到来，我们里应外合，一举将敌人歼灭。'将军通过这种方式鼓舞士气，最终赢得胜利，请问这算是善行还是恶行？"

尤苏戴莫斯回答："我认为这是善行。"

苏格拉底接着问："如果一个孩子生病，需要吃药，但孩子觉得药太苦而拒绝服用，他的父亲为了让他吃药，欺骗他说药很好喝，结果孩子很快就恢复了健康。这位父亲的行为是善行还是恶行？"

尤苏戴莫斯回答："是善行。"

苏格拉底再问："如果有人发现他的朋友因为绝望而想自杀，

于是偷走朋友藏在枕头底下的刀，这算是善行还是恶行？”

尤苏戴莫斯回答：“是善行。”

苏格拉底问：“你刚才说对待敌人，即使是欺骗、奴役和偷盗也不是恶行，只有对自己人才是恶行。现在这些情况都是对自己人，你为什么又认为它们都是善行呢？”

尤苏戴莫斯回答：“哎呀，我已经分不清什么是善行、什么是恶行了。”

苏格拉底说：“善行与恶行在不同的语境中会出现不同的含义。任何概念都不是固定不变的，只有通过学习才能提高判断能力，才能做出准确的判断。”

在对话中，苏格拉底采用的就是“请君入瓮”的策略，设下圈套让尤苏戴莫斯往里钻。他首先提出问题，让对方作答，然后不断从不同角度指出对方答案中的漏洞，使其陷入矛盾之中。在问与答的过程中，苏格拉底逐步启发对方思考问题和认识问题，最终引导他掌握明晰的概念，从而实现教育的目的。通过这场对话，尤苏戴莫斯彻底明白了如何区分善行与恶行，相信他一生都不会忘记老师给他上过的这一课。

请君入瓮是一种有效的沟通技巧，一定要把握好分寸，如果说不到“点”上，不但无法达到目的，反而可能会失去对方的信任。可以说，任何表达技巧在实践中，都必须根据不同的对象和环境，进行恰当、合理的使用，才能起到应有的效果。

循循善诱，必能收获奇效

诱导是一种在沟通中非常有效且富有人情味的交谈方式，它通过建立畅通的交流渠道，帮助拉近与他人的距离。通过这种方式，可以委婉地将自己的请求传达给能够提供帮助的人，从而悄然达成目标，使你在寻求帮助时获取最大的实惠。

战国时，有一个人名叫邹忌，曾担任相国，后来被封为成侯。他才华出众，身材修长，容貌俊美。后来他听说城北有位名叫徐公的美男子，心中不免有些嫉妒。一天，他问自己的妻子："我和城北的徐公相比，谁更漂亮？"

妻子回答："当然是您漂亮，城北的徐公根本无法与您相比。"

邹忌又问自己的小妾："我漂亮，还是城北的徐公漂亮？"

小妾回答："城北的徐公怎么可能比得上您呢！"

一天，邹忌家里来了一位客人。在交谈中，他问客人："我和城北的徐公相比，谁更漂亮？"

客人回答："城北的徐公比不上您。"

几天后，徐公来到邹忌家。邹忌仔细打量徐公，深感徐公的美确实名不虚传，自己的容貌与之相比实在差得太远。

又过了几天，邹忌前往朝廷见齐威王。他说道："我承认自己不及城北的徐公漂亮。然而，我的妻子、小妾和客人都认为我比徐公更漂亮，这是什么原因呢？经过思考，我找到了答案。我的妻子觉得我漂亮，是因为她对我有偏爱；我的小妾认为我漂亮，是因为她对我心存畏惧；客人称赞我漂亮，是因为他有求于我。如今齐国的国土广袤、纵横千里，城池多达120座，大王的侍从和后宫妃嫔无不偏爱您；朝中官员对您也都心存畏惧；全国的百姓都想求助于您。由此可见，全国上下没人敢说大王不好，这样看来，您受到的蒙蔽实在太深。"

齐威王听了邹忌的话后，认为十分有道理，于是广开言路，积极听取进谏。

邹忌以自己不如徐公漂亮，妻子、小妾和客人都赞美他比徐公更漂亮的事实作为喻体，由此及彼、由小见大，巧妙地将“美貌”与“纳谏”进行对比，对齐威王进行循循善诱，使齐威王接受劝告。这种方式，比直来直去地说更有效，对方也更容易接受。

张伟在一家外贸公司工作，最让他烦恼的就是与海关部门打交道。海关的执法非常严格，公司准备的文件稍有延误或疏漏，就很难顺利通过，而且还会造成严重后果。

一次，部门主管亲自带他去海关处理一批货物的出口手续。在主管与海关人员交流的过程中，张伟听到了以下的对话：

部门主管问：“这批货物不能通关，是因为单位重量不符，对吗？”

海关工作人员回答道：“没错，按照规定，所有装箱文件都需要进行修改。”

部门主管问：“每箱的重量差异大约在 200 克左右，是吗？”

海关工作人员回答道：“是的。”

部门主管问：“这可能是称量工具和包装材料等因素造成的，对吧？”

海关工作人员回答道：“有这个可能，不过这次的差异确实较大，是不允许的。”

部门主管问：“按照规定，允许 1% 的重量差异，是吗？”

海关工作人员回答道：“没错。”

部门主管问：“我们的商品采用的是较大的包装，25 公斤一件，允许 1% 的重量差异……250 克的差异吧？所以 200 克实际上也在允许范围内，是吗？”

海关工作人员回答道：“这个……不过你们作为出口企业，应该尽量确保文件与实际货物一致。”

部门主管说：“确实如此，给您的工作带来不便，我们深感抱歉。如果时间允许，我们应该修改并重新提交相关文件。但这次船期非常紧急，再回去修改文件，可能会错过船期，这样会对我们企业造成很大的损失。您看，这次能否放行，我们会引以为戒……”

海关工作人员说：“好吧……这次就放行，下不为例。”

在这段对话中，部门主管通过一系列合理的提问，逐步引导对方认同自己的观点，使对方放松心理戒备，跟随部门主管的思路思考问题，部门主管最终达到了货物放行的目的。

诱导的关键在于“诱”字，立足在“导”字。那么，在与人交流中，如何把握好诱导的分寸呢？可以参考以下建议：

1. 表现出自己的真诚

要想让他人心服口服，关键在于以诚待人，真诚开导，而不是讽刺或挖苦对方。展现出自己的诚意，可以帮助对方在接受劝说的过程中，很好地转变认识，从而接受新的观点或理念。

2. 以对方认可为中心

在采用诱导方式的过程中，必须有明确的目标，让所有的诱导语言紧密围绕这一目标展开。否则，说出的话可能会显得杂乱无序，甚至偏离主题，无法达到预期效果。

3. 有步骤地进行诱导

诱导就像设计一座高楼，既需要整体蓝图，也要有详细的分步计划。因此，每一步的诱导和提问都应仔细思考，做到心中有数。只有这样，才能确保每个环节紧密相连，逐步深入，诱使对方在面对矛盾时自我反思。

4. 有预料地进行诱导

在进行诱导之前，要进行周全考虑，如对方怎样回应，有几种回应形式，以及自己如何随机应变。只有这样，才能确保诱导不会变成“哑弹”，对方才能在诱导下顺从我们的思路，一步步交流下去。

第六章

博弈：认知觉醒在于把话说得恰到好处

有修养懂说话分寸的人，真正懂得如何同对方交流。他们说出的话，并非字字珠玑、句句含金，但能够把握住说话的时机，知道对方想听什么，对什么样的话产生抵触情绪。因此，他们在与人交流的过程中，总能有的放矢，拿捏好说话的分寸。

不随意乱说，看准时机再说

孔子在《论语·季氏篇》中提到："言未及之而言，谓之躁；言及之而不言，谓之隐；未见颜色而言，谓之瞽。"这句话有三层意思：第一层是指在不适合说话的时候却控制不住自己的言语；第二层是指在需要说话的时候却保持沉默；第三层是指在没有考虑具体语境的情况下随意发言。

这三种说话的问题都是人们在日常社交中所常见的，归根结底，都是因为没有把握好说话的时机，没有注意到说话的对象，以及缺乏有效的沟通技巧。

《红楼梦》中的王熙凤是一位典型的善于言辞和策略的人。她的"能说"体现在哪里呢？她的"会道"又表现在哪里呢？总的来说，她是一位善于抓住机会的人，知道在什么时候该说什么，以及在什么时候不该说什么。正因如此，她才能在贾府中发号施令，行事霸道。

在《红楼梦》的第三回中，林黛玉在失去母亲后初次踏入荣国府时，王熙凤的几句话就展示了她"善于言辞"的非凡能力。在她现身之前，人们就先闻其声："我来迟了，不曾迎接远客！"还未出场的情况下，就给人留下热情洋溢的印象。

接着，王熙凤拉过黛玉的手，仔细地打量一番，然后带她到贾母身边坐下，笑着说："天下真有这样标致的人物，我今儿才算见了！况且这通身的气派，竟不像老祖宗的外孙女儿，竟是个嫡亲的孙女儿，怨不得老祖宗天天口头心头一时不忘。只可怜我这妹妹这样命苦，怎么姑妈偏就去世了！"这番话，既让老祖宗在悲伤中感到欣慰，心情舒畅，也让林妹妹感激涕零。当贾母半嗔半怪地说不应该再让她伤心时，王熙凤立刻转变话题，又说："正是呢！我一见了妹妹，一心都在她身上了，又是喜欢，又是伤心，竟忘了老祖宗。该打，该打！"

就这样一个简单的出场，王熙凤的圆滑世故和善于应对的性格就展现得淋漓尽致，而这都是通过她的言辞策略展示出来的。实际上，在《红楼梦》的许多情节中，王熙凤把说话的分寸把握得都非常到位，也因此才能在复杂的人际关系网中为自己赢得一席之地。

战国时期，安陵君是楚王的宠臣。一天，江乙对安陵君说："您并没有土地，宫中也没有亲人，但是您却身居高位，享受着丰厚的俸禄，国人见了您都会恭敬地行礼，愿意接受您的指示为您服务，这是为何呢？"

安陵君回答："这只不过是大王过于看重我罢了，否则怎么可能这样！"

江乙接着说："用财富交朋友的，财富一旦耗尽，友情也就消失；依靠美色相交的，美色一旦衰退，感情也就转移。因此，那些媚俗的女子不等床铺磨损，就被抛弃；得宠的臣子不等马车坐坏，就被赶走。现在您掌握着楚国的大权，却没有和大王建立深厚的关系，我私下里为您担忧，觉得您处在危险之中。"

听到这些，安陵君如梦初醒，恭敬地向江乙请教："既然如此，请先生给我指点迷津。"

"我希望您能找个机会对大王说，愿意随大王一同奔赴黄泉，以身殉葬。如果您这样说了，必定能长期保住您的权位。"

安陵君说："我会按照先生的建议行事。"

但是过了三年，安陵君仍然没有对楚王说出这句话。江乙因此再次去见安陵君，说："我对您说的那些话，您至今还没有说出口，既然您不采纳我的建议，我就不敢再见您了。"

说完江乙就要告别。安陵君急忙留下他，说："我怎么可能忘记先生的教诲，只是一时还没有找到合适的机会。"

几个月后，机会终于来临。当时，楚王去云梦打猎，一千多辆马车连绵不断，旗帜遮天，野火如霞，声势浩大。

这时，一头愤怒的野牛沿着车轮的痕迹冲了过来，楚王拉起弓箭，一箭就射中了牛头，将野牛射杀。百官和护卫欢呼雀跃，纷纷称赞。楚王拔出带有牦牛尾巴的旗帜，用旗杆压住牛头，仰天大笑说："多么快乐啊！今天的狩猎，我感到无比快乐！等我万岁千秋之后，你们谁能和我共享今天的快乐呢？"

这时，安陵君满面泪水，走上前来说："我进宫后就和大王同席共餐，出宫时就陪伴大王乘车，如果大王万岁千秋之后，我希望能随大王一同奔赴黄泉，变成草垫，为大王挡住蝼蚁，有什么比这更快乐的事情呢？"

听到这些话，楚王深受感动，正式在祭坛上封他为安陵君，从此安陵君更得到了楚王的宠信。

后来，人们听说了这件事，都说："江乙善于策划，安陵君善于抓住时机。"

抓住时机需要充足的耐心，这个过程也是积极准备、等待条件成熟的过程，等待时机绝不等于坐视不管。《淮南子·道应》中说："事者应变而动，变生于时，故知时者无常行。"

尽管江乙眼光独到，料事如神，但事情的发展并不会像预想的那样顺利，而安陵君的过人之处在于他有足够的耐心，等待楚王欢喜而又感伤的那一刻，这时安陵君的表白，无疑是雪中送炭，温暖了君心，取得了奇效，保住了长久的荣华富贵。

在与人交流时，必须把握好说话的时机，该说的时候就说，不该说的时候就保持沉默，有时候多言反而会引起不必要的麻烦。

那么，如何把握好说话的时机呢？可以参考以下几点建议：

1. 让事实说话

如果你希望别人接受你的看法或建议，就要让事实为你说话，因为充分的事实会使你言重如山。“百闻不如一见”，事实比言辞更有说服力。如果你想让自己的观点深入人心，就要擅于利用事实来支持你的观点。这种方法的关键在于，尊重客观事实，让事实发声。利用事实进行说服是最能触动人心、最能让人信服的。从心理学的角度来看，人们的心理倾向是求真、求实。只有真实的东西，才是人们最愿意相信的。

2. 顺风顺时亮出观点

以打牌为例，在含有技术成分的打牌中，如果你运气不佳，对手通常会察觉到并且玩得更好。因为对手不再将你视为威胁，认为你已经输了气势。此时，你应该更加谨慎，不到关键时刻，不要亮出最有分量的牌。到了关键时刻，亮出手中最有分量的牌，会扭转局面，让你反败为胜。

同样，表达观点也是如此，在关键时刻提出你的观点，才能给人留下深刻印象。

3. 选择对方心情愉悦的时候表达观点

尤其是给对方提建议或委婉指出对方某方面或某件事做得有瑕疵时，一个非常重要的点就是，一定要把握好时机和场合，这样对方才会用心领会你的话语，而不会对你产生不满。

把握住“决定性瞬间”，能决定你的成败

范雎是战国时期秦国的著名宰相，他的成功归于善于抓住“决定性瞬间”，从一位平凡的说客升至高位，后来在一场政治危

机中安全隐退，展现出他卓越的政治远见和才能。

范睢最初无法接近秦昭襄王，他果断选择放弃靠召见的方式。相反，他采用向秦昭襄王上疏的传统方式推荐自己。

当时的秦国，秦昭襄王名义上是国君，实权却掌握在太后和舅父穰侯手中，秦昭襄王对此深感忧虑。范睢仔细分析过秦昭襄王的心理后，在给他的奏折中含蓄地提及王权问题，从而引起秦昭襄王的注意，并约定了谒见的时间。这样一来，范睢为自己创造了第一个宝贵的机会。

在谒见的那一天，范睢故意装作迷路，缓步进入行宫，悠闲地在花园里溜达。他这一故意的举动旨在抓住第二个有利的机会。

“让开！大王来了！”卫士们喊道。

范睢并未躲避，反而大声说道：“秦国哪有大王？只有太后和穰侯罢了！”

确实，这些话达到了预期的效果。坐在轿子里的秦昭襄王听到后心情低落。当他知道说这话的人是范睢时，立即传见了他。

在谈话中，范睢抓住机会详细阐述自己关于“远交近攻”的战略思想，深深打动了秦昭襄王。在范睢的建议下，秦昭襄王逐步从太后和穰侯手中夺回实权，这也使范睢由一名军事顾问升至秦国的宰相。

这里，范睢抓住了四个“决定性瞬间”：第一个是自荐；第二个是故意说秦国的大权掌握在太后和穰侯手中，激发秦昭襄王的逆反心理；第三个是提出自己的战略思想，让秦昭襄王依仗自己；第四个是权力角逐时，帮助秦昭襄王从太后和穰侯手中夺回权力。这四个“决定性瞬间”，使范睢获得成功，成为秦国一代名相。

有修养懂说话分寸的人指出，能在恰当的时机说出合适的话，才是真正懂得说话的分寸。要是时机把握不当，哪怕说出再漂亮的话，也都毫无意义。

合适的时机往往稍纵即逝，稍不留神就会失去。因此，把握说话的时机比学习其他沟通技巧更具挑战性和重要性。

那么，与人交流时，如何把握好“决定性瞬间”呢？可以参考以下建议：

1. 倾听是关键

良好的交流始于倾听。当你专注于对方的话语时，不仅能更好地理解他们的观点，还能发现适合插入自己意见的时机。通过倾听，你可以判断对方的情绪和需求，从而在适当的时机发表见解。

2. 观察非语言信号

交流不仅仅是语言，肢体语言同样重要。注意对方的面部表情、姿态和语调变化，这些非语言信号能够指示出对方的兴趣、困惑或期待。当你捕捉到这些信号时，往往能够找到合适的时机来回应或表达自己的想法。

3. 思考时机

在交流中，有时沉默是金。给对方一些思考的空间，可以促使他们更深入地表达自己。在他们结束时，你可以恰当地插入自己的观点，增强沟通的效果。同时，避免在对方尚未表达完整时打断，这样会显得不尊重。

4. 情境适应

每个交流情境都是独特的，因此需要灵活应对。在正式场合，可能需要更加谨慎和条理清晰；而在轻松的环境中，可以适当增加幽默感和随意性。了解场合的气氛，选择合适的时机和方式来表达自己的观点，可以使沟通更加顺畅。

5. 明确自己的意图

在交流前，先思考自己想要传达的信息和目标。明确的意图能帮助你在对话中保持方向感，避免偏离主题。当时机成熟时，你可以更自信地表达自己的想法。

6. 适度自我披露

在合适的时机分享一些个人经历或感受，可以拉近与对方的距离，但要注意把握分寸，避免过度分享，造成不适。适度的自我披露可以使交流更加真诚，增强彼此的信任感。

7. 使用开放式问题

提问是促进交流的有效方式。使用开放式问题可以引导对方深入讨论，创造更多的交流机会。在对方表达的过程中，你可能会发现合适的时机来分享自己的看法或回应。

8. 保持灵活性

沟通的过程往往是动态的，可能会因为对方的反应而改变方向。保持灵活性，随时准备调整自己的表达方式和内容，能够帮助你更好地把握时机。无论是情感的波动还是话题的转变，及时调整方向可以让交流更加顺畅。

总之，在交流中，抓住“决定性瞬间”至关重要。这不仅能让你的观点或想法更有效地传达，还能增进人际关系的质量。遗憾的是，在为人处世中很多人不懂得把握“决定性瞬间”的分寸，或者白白浪费掉“决定性瞬间”，无法达到交流的目的。把握好“决定性瞬间”，需要在日常生活中不断练习，只有真正掌握它，才能在关键时刻为你所用。

分清场合、看清对象，才是衡量说话分寸的标准

每个人都会说话，但并非每个人都能有效地说话。有效的言辞不仅需要逻辑清晰、内容集中和策略灵活，还需要与场合、对

象相对称。

战国时期，魏国有一位男子举办婚礼。接亲者来到女方家接新娘，新娘一上车就问："两边的马是谁家的？"

驾车的车夫回答说："是借来的。"

听到这个回答，新娘对车夫说："抽打两边的马，不要打中间的那匹。"

车夫听了大为愕然。

当到达丈夫家时，那里正是鼓乐齐鸣、欢庆喜悦的场面。伴娘搀扶着新娘下车后，出乎意料的是，新娘立即叫伴娘赶到厨房，让厨子把灶火灭掉，称是防火之举。

走进屋子时，新娘看见地上的石磨，说："把它搬到窗户下，别挡着来往的人。"

她的丈夫听后哭笑不得，宾客们也忍俊不禁。

尽管这些话都很重要，但由于说的话不符合特定场合，遭到了他人的嘲笑。

语言反映一个人的素质和修养。有修养懂说话分寸的人，说出的话总是理性得体的。对于从事外交工作的人来说，一句失言可能会损害国家的声誉和尊严，带来严重的后果。因此，交谈需要谨慎和小心。

俗话说"到什么山唱什么歌，见什么人说什么话"，就是告诉人们，说话一定要适合特定的言语环境。所谓的言语环境主要包括说话的时间、场合、对象等因素。

英国维多利亚女王与其配偶相亲相爱，感情深厚。女王作为国家的领导者，经常忙于处理国家事务和参与各种官方活动，而她的丈夫阿尔伯特则更倾向于私人生活，对政治事务和社交活动的兴趣不大。

一天晚上，女王参加一场重要的活动，而阿尔伯特则选择留在家中。当女王深夜返回时，发现卧室的门紧闭，她轻轻地敲了敲门。

在房间里的阿尔伯特问："是谁？"女王回答："我是女王。"门没有开。女王再次敲门，阿尔伯特又问："谁呀？"女王回答："维多利亚。"门仍然紧闭着。女王在门外稍作徘徊，再次敲门。阿尔伯特继续询问："是谁呀？"女王温柔地回答："是我，你的妻子。"这时，门开了，阿尔伯特热情地伸出双手，将女王拉了进来。

阿尔伯特明知敲门的人是自己的妻子，他前两次发问并非明知故问，意思是在提醒维多利亚，在不同的场合要注意自己的身份，你对外活动是女王的身份，回到家中的身份是妻子，不能把场合和身份混淆了。当女王第三次以妻子的身份进行回答时，阿尔伯特得到了自己想要的答案，紧闭的房门也就开了。

在为人处世中，有修养懂说话分寸的人指出，每个人都在不同的场合扮演着不同的角色，这就要求我们在不同的场合、面对不同的对象说不同的话。如果不分场合、不分对象，该怎么说还怎么说，也就失去了表达的分寸，自然不会达到自己想要的效果。

那么，面对不同的场合、不同的对象，该如何把握好说话的分寸呢？可以参考以下建议：

1. 了解场合

（1）正式与非正式场合。在正式场合，如商务会议、学术讨论中，语言应更加严谨，使用专业术语，并保持礼貌。在非正式场合，如朋友聚会或家庭聚餐，语言可以更加轻松随意，甚至可以适当开玩笑，增加亲切感。

（2）文化背景。在多元文化的环境中交流时，要尊重对方的文化习俗。例如，在某些文化中，直接表达意见被视为坦率，而在另一些文化中，这可能被认为是不礼貌的。因此，了解和尊重对方的文化背景有助于避免误解。

2. 分析对象

（1）年龄差异。与不同年龄层的人交流时，要考虑对方的接受能力和兴趣点。与年轻人交流时，可以使用更时尚、活泼的语言，而与年长者交流时，则应更加尊重，语言上可以显得更加成熟稳重。

（2）社会地位。在与上级、长辈或陌生人交流时，要注意用词的礼貌程度和尊重的态度。使用适当的敬语，避免过于随意的语言。同样，在与平辈或下属交流时，可以稍微放松，但仍要保持基本的尊重。

3. 注意内容

（1）话题选择。选择适合场合和对象的话题至关重要。在正式场合，讨论与专业相关的内容或行业趋势是比较安全的选择。在非正式场合，可以谈论一些轻松的话题，如生活趣事、兴趣爱好等。

（2）倾听与反馈。良好的沟通不仅仅是说，更重要的是听。在对话中，适时反馈对方的观点，表现出你的关注和理解，这样不仅能增加互动，还能提升交流的质量。

4. 把握语气与语调

（1）语气的把控。语气在交流中传达了大量情感和态度。语气过于激烈可能会引起对方的不适，而语气过于冷淡则可能显得不够关心。适度的热情和诚恳，能够让对方感受到你的真诚。

（2）语调的变化。适当的语调变化可以使语言更加生动有趣，增强表达的效果。例如，讲述故事时可以使用较高的语调来引起对方的兴趣，而在表达重要观点时则可以降低语调，增加权威性。

5. 学会适时调整

（1）观察反应。在交流的过程中，注意对方的表情和反应，根据对方的反馈，灵活调整自己的语言和语气。如果对方表现出不耐烦或困惑，可能需要简化自己的表达或转移话题。

（2）适时幽默。幽默是拉近距离的好方式，但要注意幽默的内容和时机。在合适的场合，适当的幽默能够缓解紧张气氛，但在某些严肃场合，幽默可能会被误解。

总之，把握说话的分寸是一项重要的沟通技巧，它需要我们在实践中不断学习和调整。通过对场合、对象、内容、语气的分析和掌握，我们可以更有效地进行交流，增进彼此的理解和信任。最终，良好的沟通将为我们的人生之路保驾护航。

话不要说得太绝，点到为止刚刚好

在为人处世中，经常会听到这样的话“肯定能做到”“完全没有问题”“保证完成”……这无疑是自信的体现，应该得到肯定。然而，一旦开始执行，谁又能保证一定能成功呢？俗话说：“天有不测风云，人有旦夕祸福。”任何人都无法预知会发生什么意外，当我们因为某个事件而延误了，未能按期完成别人交给我们的任务时，那不就很尴尬、很丢脸吗？

因此，有修养懂说话分寸的人说话时，特别是向某人做出承诺时，不会把话说得太绝对。上面的话，要是换一种方式进行表达，结果会完全不一样，如“我尽力而为”“全力以赴”。在这种表态下，即使事情没有办成，别人也无法说什么，因为谁都不能否定你已经尽力了。

有位女孩在珠宝店担任销售员。一天，珠宝店走进来一位打扮时尚的年轻人。这位年轻人的目光不停地移动，表面上在看柜台里的项链，实际上却用余光偷偷观察旁边柜台里的钻戒。年轻人在店里转悠了一会儿后，停在摆放钻戒的柜台前，示意女孩将钻戒从柜台里取出来。出于职业习惯，自年轻人进店，女孩就特别注意他。

来者都是客，既然年轻人要求看钻戒，女孩也不便拒绝，只好按照他的要求办事。就在她把装有六枚钻戒的托盘拿出来，还没来得及放到台面上时，年轻人似乎无意间碰到托盘，钻戒立刻从托盘里掉落到台面上。年轻人一边道歉，一边帮助女孩把散落的钻戒重新放回托盘内，然后找个借口离开了。

自己从柜台里取出的钻戒明明是六枚，现在却只剩下五枚，女孩的警觉得到证实。就在年轻人刚要走出店门时，女孩叫住了他："抱歉，先生！"

年轻人犹豫了一下，转过身来，问她有什么事情。此时，女孩说道："先生，您也知道，现在找工作非常困难，这是我的第一份工作，我非常珍视，不想失去它。"

年轻人立刻理解女孩的意思，脸上流露出愧疚之色，说："是的，没错，现在找工作确实很难。"

女孩接着说："如果现在站在柜台里的是您，我想您也会珍视这份工作。"

听到这话，年轻人走到女孩面前，伸出右手，说："祝你拥有这样一份尊贵的工作！"

女孩立刻伸出手来接受他的"祝福"，然后以非常温柔的声音说："也祝您好运！"钻戒就在年轻人的手里，女孩高兴地拿回了失去的钻戒。

在这个故事中，女孩表现得非常聪明。当发现钻戒丢失后，女孩意识到是被年轻人拿走了，但她并没有直接说"你拿了我的钻戒，快还给我"，而是说自己非常珍视这份工作，不想因此而失去工作。女孩用含蓄的说话方式既给自己留有余地，也给了对方足够的面子。如果说得太直接，万一不是年轻人拿的，掉到其他地方了，女孩就会显得很尴尬。当她用含蓄的方式告诉对方后，对方立刻就明白了，把钻戒归还给了女孩。

在有修养懂说话分寸的人看来，话说得过于绝对，就像是往装满水的杯子里倒水，杯子的容量有限，水太多会溢出来；同样，也像是往充满气的气球里充气，气球会爆炸。所谓“水满则溢，物极必反”说的就是这个道理。

因此，在说话的时候，要考虑周全再开口，切忌过于绝对。言，要有所不言，若不然，不但日后会让自己碰壁，当下就可能被人抓住把柄，让自己下不了台。

言辞过于绝对会使自己无法自圆其说，而点到为止就不会有这样的尴尬。有修养懂说话分寸的人，在交流中往往不会把话说得太满。

那么，在与人交流中怎样才能把握好点到为止的分寸，不把话说绝呢？可以参考以下几点建议：

1. 理解对方的立场

在进行交流之前，尽量了解对方的观点和情感。通过倾听，观察他们的反应，你可以更好地判断他们的需求与期望。理解对方的立场，可以帮助你调整自己的表达方式，使交流更加有效且不至于激化矛盾。

2. 使用温和的语气

语气在交流中起着关键作用。使用温和、友好的语气可以缓和对方的防备心理，使其更容易接受你的观点。避免使用绝对性和强烈的词汇，如“总是”“从不”，而是采用更为灵活的表达方式，如“我认为”或“可能”。这样的语言不仅能传达你的观点，还能留出余地，给对方思考的空间。

3. 选择合适的措辞

在表达观点时，选择中立而不过于极端的措辞至关重要。例如，使用“我觉得这个方案可能有改进的空间”而不是“这个方案根本行不通”。这样的表述既能表达你的意见，也不会让对方感到被攻击，反而更容易引发建设性的讨论。

4. 设定适当的界限

在某些情况下，明确自己的底线是必要的，但这并不意味着要把话说绝。在表达底线时，可以用“我希望”或“我更倾向于”这样的方式进行表述，这样不仅可以减少对抗，还能让对方明白你的立场。

5. 运用提问引导

使用开放式问题可以促使对方表达自己的观点和感受，从而为你的表达创造合适的时机。例如，你可以问：“你对这个方案有什么看法？”这样不仅能让对方感觉到被尊重，还能使你在了解对方想法的基础上，适当地表达自己的意见。

借口都是“找”出来的

所谓借口，实际上就是寻找理由。在为人处世中，尽管我们不喜欢那些总为自己辩解的人，却不得不承认，当面对严酷的现实时，我们往往需要一个看似合理的借口，以便保护自己。既然在交流中免不了要找借口，不妨尽量让借口听起来更为合理些，这样既不伤对方的面子，也保全了自己的形象。

一位从事房地产销售的业务员，请朋友张局长写一封介绍信，前往杨先生的家中拜访。

进门后，双方握手寒暄，业务员说道：“这次有幸拜访您，多亏张局长的引荐，张局长很敬佩您，还特意叮嘱我来时一定要请您签名。”说着，业务员从包里拿出杨先生最近出版的新书。

听到这些，杨先生不由得放下戒备心理，对这位业务员产生了信任。

实际上，业务员说张局长对杨先生很敬佩并请杨先生签名只是借口，是为接下来自己的真实意图做好铺垫。当杨先生听到恭维后，与业务员的心理距离自然也就拉近了，业务员后续谈论的事情，杨先生极有可能愉快地接受。

张兆远无意间得知邻居梁宇是一位象棋高手，非常高兴。他是一个象棋迷，以前只能去公园下棋，而现在的邻居就是一位象棋高手，张兆远便频繁去梁宇家，与梁宇切磋棋艺，且一下就是好几个小时。

梁宇的妻子豆豆对此有些不满，觉得之前的梁宇是个好丈夫，而现在却忙于下棋，洗衣服、做家务都不再操心。每当豆豆提起这件事情，梁宇只能无奈地回答："我有什么办法？都是邻居，难道能赶他走吗？"

丈夫的话不无道理，邻居常走动，遇事时彼此会有个照应，但张兆远串门已经有些过度，对自己的生活已经造成影响。直接说出自己的困扰，等于不给张兆远面子，两家的关系会向不好的方向发展。不过，豆豆灵机一动，有了办法。

这天，张兆远又来找梁宇下棋。豆豆礼节性应付几句，便出门了。她来到张兆远的家，与张兆远的妻子秀秀聊天，聊着聊着，豆豆有意把话题引向家里的男人。秀秀直言不讳，抱怨丈夫沉迷下象棋，几乎不回家。豆豆见状，立刻分享自己的驭夫之道。从那以后，张兆远就很少去找梁宇下棋，即使偶尔来访，也只是停留片刻便离开，因为"再晚一点，秀秀又要唠叨了"。

豆豆此举非常高明，借由他人之口达到自己的目的。对于刚有小宝宝的家庭，可以事先和家人商量好，约定如果有客人来访，就让他们去洗衣物或准备饭菜等，忙得不可开交，这样对方自然无法和你畅聊。如果觉得这样做有失体面，也可以告诉朋友小孩在睡觉，说话时要小声一些，然后自己也尽量降低声音，让朋友感到交流困难，这样他们的烦躁感会逐渐增加，这时你可以提议：“不如改天我们去你家聊吧，这样太费劲了！”这样就能轻松地达到请对方离开的目的。

当一位话语啰唆却不能得罪或怠慢的人对你滔滔不绝说着无聊的话时，你想让他停下来，却又不便直接推辞有事离开。这时，你可以考虑写个小纸条递给身边的朋友：“到外面给我打个电话。”

数分钟后，电话响起，你边听边说道：“什么？让我马上过去？不行，我这里有位重要客人，需要谈一些重要的事情。什么？非去不可……那好吧。”

挂断电话后，你面带歉意，向那位啰唆的客人说明原因，相信对方通情达理，会主动离开。这样做，不仅可以避开无聊的交流，还不会伤害对方的自尊心。

有时我们可以提前设置手机闹钟，聊一会儿后，闹钟响了，你可以假装接电话：“什么？你到车站了？好的，我去接你！哦，不行，我的朋友在这儿呢！”这时，如果对方识趣儿，通常会立刻告辞。如果对方仍不识趣，你可以继续说：“要不这样，我问问朋友，看他是否愿意一起去……”大多数情况下，他们就会主动离开，你的目的也就达到了。朋友走后，你就可以继续处理自己的事情。

面对无聊的聊天者，还有一个更巧妙的办法，就是鼓励对方发展自己的兴趣。比如，你的朋友经常找你聊天，而你不想在这方面浪费时间，可以试着发现对方的爱好。如果你知道他喜欢书法，可以适时赞赏他在书法上的才能，并说：“你在书法方面具有天赋，只需要再努力一把，就能成为书法界的明星。我建议你多花点时间在书法上。”对方听后肯定会非常高兴，可能会全身心投入书法中，以后恐怕你想找他聊天就变得不容易了。

当然，具体情况还需具体分析。只要开动脑筋，找到合适的借口，把握好借口的分寸，就不失为明智的选择。这样既能给对方留面子，又不会伤害友谊，同时还能减少不必要的麻烦，真是一举两得。因此，在聊天时，无论是寻求帮助还是拒绝打扰，都要找到合适的借口。借口找对了，你就成功了！

安慰并非一句简单的“没事”，而是理解与共鸣

每个人的一生都不可能一帆风顺、心想事成，都会遭遇种种失败、挫折和打击，这时往往会心情低落，失去信心，甚至产生自卑。那么，这样的人，最需要什么呢？答案很简单，就是安慰。有修养懂说话分寸的人知道，安慰并不是一句简单的“没事”，它是一种深刻的理解与共鸣，是来自心灵深处的关怀。

阳光透过窗帘洒在小雨的房间里，却照不进她的心里。她刚刚结束了一段两年的恋情，和男友李明分手的那一刻，她感到自己整个人都崩溃了。此时的她蜷缩在沙发上，眼泪止不住地流下来，整个房间都显得异常沉闷。

小雨的好朋友小莉得知这个消息，前来探望。她敲响小雨的门，推门而入，看到小雨的样子心里一紧。小莉轻轻坐在沙发上，用柔和的语气打破沉默：“嗨，小雨，今天的天气不错，要不要出去走走？”

小雨摇了摇头，声音哽咽：“我不想去，哪里都不想去。”

小莉叹了口气，说：“我知道你现在很难受，但我希望能陪着你。不如让我陪你聊聊？”

小雨用力吸了吸鼻子，点了点头。

“我真的不知道该怎么办。”小雨说出心里的痛苦，“他离开我，所有的回忆一下子都变得那么沉重，我觉得自己再也无法振作起来。”

“失去一个人真的很痛苦，我理解你的感受。”小莉看着小雨，语气中满是关切，“但是请相信，痛苦是暂时的，你值得拥有更好的未来。”

小雨抬起头，眼中闪烁着泪光：“我觉得我没有价值，难道我真的不够好吗？”

小莉轻轻握住她的手：“小雨，不是你的问题。每段关系都有它的缘分，有些人会留在我们的生命中，而有些人则会离开。这并不意味着你不够好。”

小雨默默地点头，心中稍微平静了一些。小莉继续说道：“我们都有过失落，我也是，但我发现，面对这种痛苦，最好的方法就是让自己继续前行。”

小雨想了想，心中有些触动：“我曾经很喜欢画画，但好久没碰过画笔了。”

“那就从现在开始！我们可以一起去上画画班。”小莉的眼睛闪着光，“我也可以陪你去，帮你重新找回那种快乐。”

小雨的嘴角露出一丝微笑：“真的吗？你愿意陪我？”

“当然！”小莉坚定地点了点头。

在小莉的鼓励下，小雨终于迈出第一步，开始了新的生活。几周后，小雨的心情有了明显的改善。她在画画中找到了解脱，享受着每一个创作的瞬间。

一个阳光明媚的周末，小雨和小莉坐在公园的长椅上，分享着自己的画作。小雨自信地说：“谢谢你，莉莉，是你让我明白，失去并不是结束，而是新的开始。”

小莉微笑着回应："只要心中有希望，生活总会带来新的惊喜。"她们的笑声在春风中飘荡，仿佛整个世界都充满了温暖与希望。

安慰在为人处世中扮演着重要的角色。无论是在经历失落、挫折，还是面对压力和焦虑时，安慰的存在都能够帮助我们缓解情绪，重建内心的平衡。从心理学的角度来看，安慰不仅仅是情感的表达，它更涉及人类心理需求、情感共鸣与社会支持的复杂交互。

那么，在为人处世中，当他人需要安慰时，如何把握好安慰的分寸呢？以下几点需要注意：

1. 选对时机

安慰他人需要选择适当的时机。时机恰当，才能取得预期的效果。例如，当听到朋友失去亲人的消息时，应尽快到达他身边。你及时出现，能够传达你对他的关怀，这种关怀可以在他心灵上提供安慰，缓解他的伤心。当朋友经历失恋时，接到消息后应迅速赶到他身边。见面时，不要急于询问事情的经过，而是让对方自由地表达情感。人在痛苦时往往需要在朋友面前发泄情绪，可能是借酒消愁、痛哭流涕或喃喃自语。待对方情绪平静后，你的安慰才会更有成效。

2. 允许对方哭泣

安慰他人并不意味着要立即"拯救"他们走出困境。每个人都有权利和责任去经历自己的痛苦，我们应当尊重他们的感受，让他们体验痛苦，并避免急于消除痛苦。

当朋友或家人陷入情绪或身体的痛苦时，最基本的支持方式是：允许他们哭泣。面对哭泣的人，常见的反应是希望他们停止哭泣，并安慰说："别哭了，一切都会好起来的。"但这种反应可能并不合适。哭泣是身体自然排解情绪的一种方式，流泪是情感疗愈的过程。因此，不必急于递上纸巾，只需让他们知道你在支持他们即可。

3. 保持微笑

在为人处世中，多数人在面临困境时需要安慰。此时，不要吝惜你的微笑，用它来温暖和鼓励他们。微笑几乎不需要成本，却能带来巨大的价值。它能够为沮丧者带来鼓舞，为悲伤者带来安慰。善于用目光和微笑传递积极情感的人，不仅显得更有魅力，也能给他人带来更多的美好感受。对于那些常常愁眉苦脸的人来说，你的笑容就像穿透乌云的阳光，能够让他们感受到希望和快乐。

4. 侧面安慰

有时，安慰的方式需要委婉和间接，从侧面入手往往能取得更好的效果。例如，当你去安慰一个生病的人时，不必直接询问他们的病情或治疗细节，这会引起他们的厌烦感，可以转而谈论一些轻松有趣的新闻或他们感兴趣的事情，这样更能让他们感到舒适和放松。

5. 给予鼓励

在安慰中加入鼓励的话语可以起到很好的效果。例如，一个大学毕业生在找工作过程中遇到困难，面对这样的情况，他的父亲耐心地说："我们完全理解你现在的感受，也为你的未来担忧，但我们相信你的能力。社会是一个大课堂，你目前遇到一些挫折，但这些都是宝贵的经历。我们相信你有毅力，能够克服这些困难，最终找到适合自己的工作。"这番话激励了他，最终他成功找到了满意的工作。

6. 友好的动作

当一个人情绪低落或流泪时，往往非常脆弱，此时需要更多的安慰。有时，一个友好的动作比言语更能传达关怀。简单的动作，如一个温暖的拥抱，或者轻轻抚摸对方的背部，能够让他们感受到你的支持和关心，增强他们的安全感。

话出口前先把握好火候，拿捏好分寸

直性子的人常常难以控制自己的言语，言语就像一头难以驯服的猛兽，时常突破理智的边界，造成令人后悔的局面。追求直率和坦诚本身并没有问题，如果在不适合的场合随意发言，不讲究分寸，就容易让人觉得不识大体，留下不好的印象。不能管住自己的嘴巴，最终会为自己的失言付出代价。

语言是交流的工具和沟通的艺术。在当今社会飞速发展的背景下，人与人之间的交流在日常工作和生活中越发重要。人离不开说话，就像鱼离不开水，但是说话并不是简单的口头表达，它蕴含着深厚的人情世故。朱自清曾说："人生不外言动，除了动就只有言，所谓人情世故，一半是在说话里。"人嘴两张皮，轻轻一碰便有了语言，说话似乎是件很容易的事情，实际上需要讲究轻重得失、褒贬有节、进退有度，掌握好说话的火候和分寸，并不是件易事。

古希腊著名寓言大师伊索做仆役时，有一天主人准备招待哲学家，吩咐他准备丰盛的菜肴。于是，伊索设了一场"舌头宴"，桌上摆满了各种动物的舌头。客人入席后，主人见到如此安排，惊讶不已，立即询问伊索："这是怎么回事？"伊索镇定地回答："您希望用最美味的菜肴款待这些尊贵的客人，我认为舌头能言善辩，正适合哲学家，这难道不是世上最好的菜肴吗？"客人听后纷纷赞同，这场"舌头宴"吃得宾主非常高兴。

客人离开后，主人又告诉伊索："明天我再办一场宴会，你要用最差的菜肴招待客人。”第二天的宴会上，伊索又端上一盘盘动物的舌头，主人疑惑不解，责问伊索为何又用舌头招待客人。伊索回答：“您难道不知道祸从口出的道理吗？舌头既可以是世上最好的东西，也可以是世上最坏的东西。”

口才出众、能言善辩，舌头变成打动人心的工具；直言不讳、言辞尖锐，舌头则变成世上最糟糕的东西。直率的人常常认为真诚是沟通的良方，这一点不可否认，真诚待人在为人处世中确实重要，但说话也需要技巧，尤其要把握好分寸，否则，即便态度再真诚，表达的效果也可能适得其反。

自从当上皇帝，朱元璋家乡的朋友就不断来找他，想“沾点光”。但时隔多年，加上身份的变化，朱元璋很难辨别这些人是否真的是他的老朋友。

一日，又有一位自称朱元璋旧友的乡下人拜访。见到朱元璋时，他说：“皇上万岁！当年微臣随驾扫荡庐州府，打破罐州城，汤元帅在逃，拿住豆将军，红孩儿当关，多亏菜将军……”

由于常年打仗，具体事情已经记不清楚，不过朱元璋对这位访客的话感到耳熟，回忆起过去的事迹，心里很高兴。因此，他毫不犹豫地授予了这位访客一个官职。

这一消息很快传到另一位朋友那里，知道之前那个人说的事，他想：“同样都是从小一起玩到大的朋友，他去了有官做，我去的话肯定也会有好处的吧？”于是，他也去拜见朱元璋。

刚一见到朱元璋，这位朋友便迫不及待地开口说：“皇上万岁！您还记得吗？从前我们一起放牛。记得有一次，在芦苇丛中，我们用瓦罐煮偷来的豆子。豆子还没煮好，大伙儿就争先恐后地抢着吃，结果连罐子都打碎了，豆子和汤水洒满地面。您当时忙着捡地上的豆子吃，不小心把红色的草叶子也吞了进去。那叶子卡在您的喉咙里，让您非常难受，最后还是我想的办法，让您把多片青菜叶子揉成一团，放在嘴里吞下去，这才把那片红草叶子一起带进肚子里去……”

听到这位朋友的话，周围的人都捂着嘴偷笑。朱元璋虽然记得这些往事，而对方这样表达，让朱元璋很尴尬、很没面子。他愤怒地命令道：“推出去斩了！推出去斩了！”

那人到死也不明白，自己是因为直言不讳而失去性命。

说话需要讲究尺度和分寸，别人更容易接受你。言辞缺乏策略、毫无节制、直来直去，就会让听者觉得不舒服。同样的话，不同的人说出来，效果也会大相径庭。朱元璋的两个儿时穷朋友，一个言谈得体，分寸把握得恰到好处；另一个则直言不讳，随意表达，不考虑场合和对象。朱元璋作为听者，自然喜欢前者，而厌恶后者，因此一个受到丰厚的奖励，而另一个却付出了生命代价。

说话不仅要考虑深浅，还要因时因地因人而异。在正式或隆重的场合，应保持庄重；在私下，语言则可以活泼、幽默。与性格开朗的人交谈时，可以畅所欲言，但也不可过分；与性格内向的人交流时，言辞要慎重、得体，以免让听者感到不舒服。

说话能力的高低反映出一个人的修养、内涵和素质，同时也能显示其处理事务的能力。直言不讳的人应当学会调整自己的表达风格，凡事要讲究分寸，言辞不宜过于直接或尖锐。这对个人发展和日常交流都非常重要。

懂得道歉的诀窍，自然能赢得对方的谅解

为人处世中难免会发生说错了话、做错了事，给对方造成损失的情况。这种损失，表现在物质和精神两个方面，具体损失视情况而定。例如，说错话，给对方造成精神上的损失，尤其是面

对比自己优秀的人士时，对方本来就在心理上占据优势，当听到你说的话有贬损、打击、轻视等成分后，马上会对你产生不好的印象，甚至会直接离开或与你翻脸。对你而言，本想加深与对方的关系，却因祸从口出，直接将关系降到冰点。

这时，你需要做的就是承认错误，给对方道歉，取得对方的谅解。如果不认错和道歉，找各种理由来掩饰自己的过错，只能使矛盾加深。在有修养懂说话分寸的人看来，承认错误，勇于道歉，不是丢人的事，而是真挚、诚恳待人的表现。不过，承认错误、向人道歉，也需要一定的技巧。古今中外，关于道歉的故事很多，最知名的要数“负荆请罪”了。

战国时期，廉颇是赵国有名的将军，他战功赫赫，被拜为上卿。蔺相如“完璧归赵”有功，被封为上大夫，不久，他又在渑池秦王与赵王相会的时候，维护了赵王的尊严，因此也被提升为上卿，且位在廉颇之上。廉颇对此不服，扬言道：“我要是见了他，一定要羞辱他一番。”蔺相如知道后，就有意不与廉颇会面。别人以为蔺相如害怕廉颇，廉颇为此很得意。可是蔺相如却说：“我哪里会怕廉将军？不过，现在秦国倒是有点怕我们赵国，这主要是因为有廉颇将军和我两个人在。如果我跟他互相攻击，那只能对秦国有益。我之所以避开廉颇将军，是以国事为重，把私人的恩怨丢在一边儿了！”这话传到了廉颇耳朵里，廉颇十分感动，便光着上身，背负荆杖，来到蔺相如家请罪。他羞愧地对蔺相如说：“我真是一个糊涂人，想不到你能这样地宽宏大量！”两个人终于结成誓同生死的朋友。

无独有偶，国外也有一个很有趣的“道歉故事”，主人公是一位鼎鼎大名的英国政治家。

比弗布鲁克男爵是第二次世界大战时英国重要的内阁成员。他一向仗义执言，对政治和时事从不隐瞒自己的观点，因此，这当然免不了给他带来一些尴尬和麻烦。

有一天，比弗布鲁克男爵在“伦敦俱乐部”的厕所里碰到了爱德华·希思，当时希思还是下院的年轻议员。比弗布鲁克男爵觉得很尴尬，因为几天前，他在报上攻击过希思。他很不好意思地对希思说：“亲爱的年轻人，我想那件事就让它过去吧。那是我的过错，现在我向你道歉。”

“谢谢啦，”希思咕哝着，“不过下一次，我希望你在厕所里攻击我，而在报纸上向我道歉。”

两则道歉的故事说明了一个道理，那就是，道歉要讲究方法，如果不讲究方法，想让别人原谅你并不容易。因此，不要小瞧道歉，道歉有诀窍，掌握好道歉的学问，才能让你在为人处世中如鱼得水。

那么，在与人交往时，不慎说错话、做错事，该如何把握好道歉的分寸呢？可以参考以下建议：

1. 要及时真诚

道歉必须及时、态度要真诚，不要拖延时间、扭扭捏捏、吞吞吐吐。美国学者苏珊·雅格比说：“在我最初的记忆中，母亲对我说，在说‘对不起’时，眼睛不要看地上，抬起头，看着对方的眼睛，这样他才会明白你是真诚的。我的母亲就这样传授了良好的道歉艺术——必须真诚。”

2. 勇于承担责任

道歉必须勇于为自己的过错承担责任，找借口会冲淡道歉的效果。不带辩解的道歉使双方都感到自己表现得豁达，这正是道歉的目的。是道歉者的部分错误还是全部错误这无关紧要，但对自己的行为承担责任本身就是促使其他人承担他们的那份责任。

戴尔·卡耐基讲过他自己的一件事：他经常带着小猎狗雷斯到公园散步，因为在公园里很少碰到人，所以，戴尔·卡耐基常常不给雷斯套狗链或戴口罩。一次，他带雷斯到公园时遇到了一位骑马的警察。警察训斥他：“你为什么让你的狗跑来跑去，不给它套上链子或戴口罩，难道你不知道这是犯法的吗？”不过，警察没有追究他的责任，只是警告他下次不能让狗不戴口罩出现在公园里。他口头答应了，但并没有认真执行。一天下午，他又带着不套狗链也不戴口罩的小猎狗到公园里玩。不巧，他又碰上那位骑马的警察了。他知道这次逃不过去了，就主动承认错误。警察见他诚恳地承认错误，就原谅了他，说：“我看这样办吧，你只要吸取教训，保证今后不再这样，事情也就算了。”整个事情就在和谐的气氛下结束了。戴尔·卡耐基讲完这件事情后说：“如果我们知道自己错了，免不了会受到责备，何不自己先认错呢？听自己谴责自己不比挨人家的批评好受得多吗？如果我们对自己作了指责和批评，别人十之八九会对你宽大和谅解的，正如那位警察对待我和雷斯那样。”

3. 表情要严肃

无论做错了事还是说错了话，必然会给对方造成损失，要想得到对方的谅解，需要表情严肃。道歉时要实事求是，不要摆出一副理直气壮的样子，倘若这样，对方非但不会接受你的道歉，还可能会加大对你的惩罚力度。同时，也不要奴颜婢膝，如此不但得不到别人的谅解，还会被对方瞧不起，使自己处于可悲的境地。表情严肃，在对方看来，你充分认识到错误，也就能容易取得对方的谅解。

总之，向人道歉，基本上要遵循以上三个原则。当然，在不同的境况下，应该灵活应对，争取对方的谅解。只要是发自内心的道歉，不但可以弥补关系中产生的裂痕，还能增进相互之间的情感，让对方觉得你是个敢作敢当的人，愿意与你继续交往下去。

第七章

定位：落点越准，说服的效果就越强

当出现分歧，或是希望得到他人理解和支持时，都免不了要花费一番口舌说服他人。这些人，可能是亲人、朋友，也可能是上司、顾客、应聘时的主考官……倘若不掌握一些技巧，很难达成自己想要的结果，毕竟说服不是强硬地命令对方接受，言辞犀利不如打动对方的柔软内心。

深入了解对方，找出说服的突破口

19世纪中期，美国林肯政府决定开展一项巨大的工程——修建横贯东西的大陆铁路。卡耐基得知这个消息后十分高兴，立刻考虑要如何取得铁路承建权。当然，竞争的人很多，而最大的竞争对手无疑是资本雄厚的布鲁曼公司。卡耐基心想，如果与布鲁曼公司直接竞争，自己的胜算并不大，即便成功了，也会因为先前激烈的竞争，而使承包的价格大大降低，这样无论谁胜谁负，都得不到太多的好处。思前想后，他决定去布鲁曼公司找负责人布鲁曼先生聊一聊。

见到布鲁曼之后，卡耐基真诚地说道："布鲁曼先生您好，我是卡耐基，现在我正在跟您竞争铁路承建权。"

布鲁曼见到卡耐基这么坦诚，也说道："是的，我们是竞争关系，而且我认为你是我们最大的竞争对手。"

卡耐基笑道："不瞒您说，我也认为您是我们最大的竞争对手。如果我们硬碰硬，无论谁胜谁负，都会大伤元气。"

布鲁曼高傲地说道："的确是这样，你最好退出竞争，当然，我会在其他业务上给你进行适当的补偿。"

"我非常感谢您的关心，也十分愿意接受。但是，我退出后，还是会有别的公司与您竞争，而您的胜算也并非百分之百吧？"卡耐基的话软中带硬，"所以我有一个提议，我们谁都不用退出竞争，相反，我们要联合起来，凭我们两家公司的实力，我相信这场竞争的最终胜出者一定是我们。这样我们就可以向铁路公司索取最高利润。"

卡耐基的一番话让布鲁曼动摇了，他当即表示："嗯，这个想法不错，可是要怎么着手呢？”

卡耐基回答道：“我们可以联合成立一家新的公司，就叫‘布鲁曼豪华客车公司’。”

布鲁曼听到新公司的名字是以自己的名字命名的，心里很高兴，同时又想到这样的一家新公司可以取得巨大工程的承建权，获得巨额利润，何乐而不为呢？于是他接受了卡耐基的建议。后来，他们以新公司的名义如愿以偿地取得了承建权。在这项工程中，卡耐基出资少，只获得了部分利润，但比起要通过激烈竞争和降价而得的利润还是要大很多。

卡耐基的聪明之处在于，懂得说服布鲁曼退出竞争并不是最终目的，而为自己争取最大利润才是目标。那么如何为自己争取最大利润呢？那就是说服布鲁曼同意自己的建议——成立一家新公司。而只有站在布鲁曼的立场上，想象布鲁曼可以从这家新公司得到什么好处，才有可能打动布鲁曼。卡耐基以布鲁曼的名字命名新公司，满足了布鲁曼对名的追求；又以取得铁路承建权，满足了布鲁曼对利的追求。名和利都有了，布鲁曼又如何能拒绝呢？

你要想成功地说服对方，最重要的不是技巧，而是你是否了解对方。那么，如何把握好了解对方的分寸呢？通常可以从以下几个方面着手：

1. 了解对方的长处

一个人的长处就是他最熟悉、最了解、最易理解的领域。如有人对城市生活比较熟悉，有人对农村生活比较熟悉，有人擅长文艺，有人擅长体育，有人擅长交际，有人擅长计算等。

在说服他人时，要从对方的长处入手。第一，能和他谈到一起去；第二，在他所擅长的领域里，谈论起来他容易理解，因此容易说服他；第三，能将他的长处作为说服他的一个有利条件，如一位伶牙俐齿、善于交际的人，在分配他做推销工作时可以说："你在这方面比别人具有难得的才能，这是发挥你潜在能力的一个绝佳机会。"这样谈既有理有据，又能表现领导者对他的信任，还能激发他对新工作的兴趣。

2. 了解对方的想法

一个人坚持一种想法，绝不是偶然的，他必定有自己的理由，而且他讲的道理一般都符合他的利益。尽管有时这也许不是他想要坚持的，只是不愿承认，难以启齿罢了。如果说服者能真正了解他的"苦衷"，就能有针对性地加以解决。

3. 了解对方的情绪

一般而言，影响对方情绪的因素有以下三个方面：一是说服前对方因其他事所造成的心绪仍在起作用；二是说服时对方的注意力还未集中起来；三是对说服者的看法和态度。因此，说服者在开始说服之前，要设法了解他当时的思想动态和情绪，这是说服成败的一个至关重要的环节。

让对方说"是"，你就掌握了主动权

爱伯逊是银行职员。一天，一位大客户来到银行存款，他一边与客户交流，一边指导其填写申请表。其间，他注意到某些项目客户很快就填写了，对其他项目却拒绝填写。

这种情况让爱伯逊感到为难，如果是以前，他会说："先生，请您完整填写这份申请表，否则银行不予办理您的存款业务！"不过，这次爱伯逊不想失去这位客户，于是决定寻找一种更有效的方式，让对方心甘情愿地配合。

爱伯逊并没有直接提及银行的要求，转而关注客户的关切。

他说道："其实我也觉得填写这些内容有些烦琐，但您有没有考虑过，如果发生意外，您希望银行能够将存款转交给您最亲近的人吗？"

客户立刻回答："是的，我当然希望如此。"

爱伯逊接着说道："那么，如果您不填写您最亲近人的资料，万一发生意外，我们如何处理您的资金呢？因此，您应该在这份表格上填写您最亲近人的信息，这样一来，如果发生任何情况，我们都能将这笔钱转交给他。"

客户回应道："是的，这确实是个好主意。"

最终，这位客户不仅完整填写了所有信息，还接受了爱伯逊的建议，以他母亲的名义开设一个信托账户，并详细填写其母亲的相关资料。客户态度的转变，缘于他意识到填写这份表格完全是为了自己的利益。

在关键时刻，爱伯逊展现出他的聪明才智。他调整交谈方式，向客户说明填写剩余信息的好处，从而引导客户顺应他的思路说"是"。通过这种方式，爱伯逊减少了不必要的争论，客户也愉快地接受了他的建议。

有一位名叫亚力森的推销员，费了很大力气才向一家大型工厂售出两台发动机。这家工厂需要大量的发动机，他不想失去这样的大客户。数天后，亚力森来到该工厂，找到负责人，想继续推销自己的产品。不过，负责人却说："亚力森，你们公司的发动机性能不够理想。我们虽然需求量大，但不打算选择你们的产品。"

亚力森听后大为震惊，便问："为什么呢？"

"你们的发动机温度过高，烫得我几乎不敢碰。"亚力森知道与他争辩没有意义，便迅速调整策略。他说："史密斯先生，您说得很对，发动机温度过高，谁都不会愿意购买。您希望的发动机温度，应该不超过相关标准，是吧？”

“是的。”亚力森得到第一个“是”。接着，他继续说：“电器制造公会规定：合格的发动机，温度可以比室内温度高出72℃，是吗？”

“是的。”亚力森得到第二个“是”。

“那您的厂房温度大约是多少呢？”

“大约24℃。”

“那么，72℃加上24℃就是96℃。如果把手放在96℃的水龙头下面，想必一定非常烫，是吗？”

亚力森得到第三个“是”。接着，他提出：“不把手放在发动机上可以吗？”

“当然可以，您说得有道理。”负责人微笑着回应。他随即叫来秘书，与亚力森签下了一份大订单。

在这个案例中，亚力森通过引导工厂负责人逐步回答“是”，成功掌握了谈话的主动权，使交谈朝着对自己有利的方向发展。

那么，在与人交流中，要想达到自己的目的，该如何把握让对方说“是”的分寸呢？可以参考以下几点建议：

1. 说对要说的话

卡耐基说过，唯一能让人们去做某件事的方法，就是让他们自己想去做这件事。而要让他们产生这样的想法，唯一的方式是让他们认为你的观点是正确的，从而觉得自己的选择是遵循了正确的方向。

比如说，你很喜欢朋友的某个物品，又不想直接说出自己的想法。这个时候，你可以假装随意地拿起它看看，然后放回原处，接着说：“你平时是个非常爱干净的人，屋子总是收拾得一尘不染，刚才我发现它身上有些灰尘，看来它在你的生活中没有太多存在的意义。”朋友可能会微微一笑，或者把话题转移到其他方面。

这时，你再次拿起那个物品，对着它哈一口气，然后认真擦拭，一边擦一边说："如果是我，我会把它当成宝贝，摆放在最显眼的地方。你能忍痛割爱吗？"当你说到这里时，朋友可能会回应："我确实不太喜欢它，你喜欢的话，就拿去吧。"这样，你便成功得到它了。

要是你直接向朋友索要，朋友可能会产生逆反心理，拒绝你；即使答应了，心里也会不舒服。而当你用这样的方式表达时，朋友会认为这个物品对自己来说并不重要，会毫不留恋地送给你。这样一来，在朋友看来，你欠了他一个人情。

2. 给对方创造说"是"的氛围

奥佛史屈教授在其著作《影响人类的行为》中提到："当一个人说'不'时，他的人格尊严都已经行动起来，要求把'不'坚持到底。他可能会觉得不应该说'不'，但为了维护自己的尊严，他会继续坚持下去。因此，促使对方采取肯定态度非常重要。"

由此可见，在与人交谈时，应避免营造出让对方说"不"的氛围，而要创造出让对方说"是"的环境。首先，应将自己置于"是"的情境中，可以说"是这样吧？"或"应该是吧？"等带"是"的话，这样就会在潜移默化中给对方营造一个说"是"的环境。

找准命门，一击而中

如果你的说服对象是个理性且经验丰富的人，可以通过事实和逻辑进行有效沟通；如果对方固执、不易理解，那么温和的方式可能就不太有效了。在这种情况下，可以直接明确最终条件，针对对方的弱点进行回应，以促使其改变立场。比如，在商务谈判中，当对方过于苛刻时，可以明确告知其你的让步范围已到极限，如果对方仍不满意，这件事就只能到此为止。在这种情况下，对方要是真心想达成交易，就不会再要求你做任何让步。

有修养懂说话分寸的人指出，说服对方时采用低姿态还是高姿态，哪一种更好，这要取决于具体问题和对象。无论选择哪种，一定要谨记，温和时不卑微，强硬时不盛气凌人。必要时，可以将两者结合，采取软硬兼施的策略。例如，在谈判开始时，可以先由一位强硬的代表提出苛刻要求，营造出紧张氛围；接着，再由一位较少发言的和善代表出面缓和局势，提出相对合理的条件。这种方式让对方觉得，不接受这个条件，结果可能会更糟，从而使其对小幅度的让步感到满意，最终促成谈判的顺利进行。

公元前 260 年，秦国大将白起率军攻打赵国的首都邯郸。赵国顽强抵抗，并派遣使者向魏国和楚国寻求援助。

赵国相国平原君认为，魏国有信陵君这样的明理好友，能够劝说魏安釐王派兵相救。然而，楚国在几年前刚败给秦国，都城也被白起攻陷，楚王对秦国心存畏惧，可能不愿意轻易出兵救援赵国。于是，平原君决定亲自前往楚国进行交涉。他从门客中挑选 20 名文武双全的人，打算先以温和的方式进行劝说，如果不奏效，就用武力逼迫楚王出兵。

平原君从 3000 名门客中挑选了 19 人，最后一名符合条件的人却怎么也找不出来。就在他焦急之际，有位叫毛遂的门客站了出来，愿意跟随平原君前往楚国。毛遂在平原君的门客队伍中排名靠后，但由于平原君急需人手，便答应了他的请求。这就是历史上著名的“毛遂自荐”。

平原君带着20名门客来到楚国，楚考烈王在朝堂上接见了他们，并商讨联合抗秦的事。楚考烈王对秦国心存畏惧，平原君无论如何劝说，他始终不肯出兵。两人从早上谈到中午，毫无进展。毛遂等得不耐烦，握紧宝剑，大步走入朝堂，大声说道："合纵与否只需一句话，何必从早啰唆到中午！"楚考烈王见到这个"突如其来"的人，怒问平原君："他是谁？"平原君回答："我的门客。"

楚考烈王冲着毛遂骂道："快滚出去，我与你家主人商讨国家大事，你来干什么？"毛遂毫无畏惧，双目圆睁，手按腰间宝剑，向前走了八步，说："大王，你敢骂我，无外乎是仰仗着楚国的军队，现在我与你相距不到十步，楚国的军队根本无法救你。大王的性命，在于我是否出剑而已。当着我家主人的面，你如此骂我，岂不是有失礼节？"

楚考烈王见毛遂神情凶狠，不禁害怕起来，立刻换上笑脸，说："先生有什么话要说？"毛遂稍作停顿，回答道："我听说商朝的汤王起初只有七十里的地盘，后来却打下了江山；周文王当初也只有百里土地，最终却一统天下。他们成功的关键不在于土地的广阔或兵力的强大，而在于能够根据形势发展自己的实力。楚国土地广袤，精兵百万，理论上更有条件称霸，可现实情况如何呢？白起不过是个酒囊饭袋，带着几万军队与楚国作战，第一战攻下鄢郢，第二战火烧夷陵，第三战凌辱大王的先人。这百年的仇恨，赵国都为你感到羞耻，难道大王你还不觉得耻辱吗？今天平原君前来与你商讨合纵抗秦之事，正是为了给楚国报仇，绝不仅仅是为了赵国！"

毛遂的话激起楚王对秦国的仇恨，他的每一句话都如同利刃刺入楚考烈王的心中。楚考烈王脸色涨红，连声说："是！是！"毛遂紧紧追问："大王决定了吗？"楚考烈王回答："决定了。"

毛遂立刻叫人拿来鸡血、狗血和马血，端起盛血的铜盘，跪着将其举到楚考烈王面前，说：“赵、楚两国正式订立合纵抗秦盟约，请大王先歃血。”楚考烈王与平原君当场歃血为盟。台下的 19 名门客目瞪口呆，楚王殿上的大臣们也被毛遂的举动震惊了。事后，平原君感慨不已，说道：“我自以为懂得用人，没想到却小看了毛先生。”从此，毛遂成为平原君的重要谋士，为赵国作出了许多贡献。

在这个故事中，毛遂抓住楚考烈王的弱点，成功说服楚王与赵国联合对付秦国。

在说服他人时，我们应当留意对方的弱点，并针对其弱点进行说服，使其难以反驳。因此，了解对方的个性至关重要。如果对方是一个好面子的人，可以通过恰当的赞美和夸奖让他心花怒放，再适时提出要求；如果对方是一个优柔寡断且多愁善感的人，可以采取低姿态的方式，让其产生怜悯之心，从而难以拒绝你的要求；对于轻诺寡信的人，应采取快速决策的策略，一旦达成一致，立即形成书面文件并签署，以避免事后反悔；如果对方喜欢贪图小利，则可以在无关紧要的地方给予他一些甜头，而在关键时刻坚守原则，不做让步……其实，利用对方弱点进行说服，方法多种多样，应当灵活多变、因人而异。

说话别太直，懂得迂回更受人欢迎

在为人处世中，许多人认为与人交际沟通时要真诚和直率，有话直说、不忌讳、毫不保留才能交到真朋友。然而，交往的方式应因人而异、视情况而定。直言不讳的人常以为自己敢说真话是见真情，但在社交场合，也有人认为过于诚实可能会伤人。我们常说的“好心办坏事”正是有失分寸的典型表现。

北宋时期的寇准是一位备受后人尊敬的良臣。在处理国家事务时，他游刃有余；然而，在与性格不合、政见不同的同事相处时，他却因过于直率而吃尽苦头。最典型的例子是他与副参知政事丁谓之间的关系。《资治通鉴》记录了一个相关的故事：

丁谓担任中书官职时，对寇准非常敬重。一次朝中会餐，寇准的胡子不小心沾上汤汁。丁谓见状，站起来，慢慢为他擦拭。丁谓的一片好心，在寇准看来，是在刻意奉承，竟当着文武百官的面讽刺道：“你身为国家大臣，就是替上级擦胡须的吗？”

丁谓自此对寇准心怀不满，开始全力诋毁他。王钦若、曹利用等人同样受到寇准的挖苦，这些大臣就联合起来，共同对付寇准，常在皇帝面前说他的坏话。久而久之，连皇帝也觉得寇准说话不讲究分寸了。后来，寇准遭遇多次流放，最终客死雷州。

寇准的话表面上看似玩笑，实际上却是过于直率的讽刺和挖苦。他的悲剧缘于说话时缺少分寸感，不懂得迂回的艺术。

正直是每个人应具备的美德，君子待人真诚、为人厚道，但这并不意味着说话就要直言不讳、毫无策略。实现目标不一定非要“有一说一”，侧面迂回的方式更容易被接受。因为拐弯抹角的表达方式充分考虑到对方的感受，这种分寸感是人际交往的一种修养。

优旃是秦国的一位歌舞艺人，个子矮小，说话幽默风趣，常常在笑谈中揭示出深刻的道理。

一次，秦始皇在宫中举行宴会，恰好遇上天降大雨。宫殿内欢歌起舞，殿外执勤站岗的卫士却淋着雨、忍受着寒风。优旃看到这一幕，非常怜悯这些卫士，便故意问道：“你们想休息吗？”

卫士几乎齐声回答：“非常想。”

优旃对卫士说道：“一会儿如果我叫你们，你们要迅速做出回应。”

过了一会儿，优旃走上前去向秦始皇祝酒，随后又转身朝栏杆旁大声喊道：“卫士！”

卫士回答：“有。”

优旃接着说：“你们身材高大，有什么好处呢？只能站在外面淋雨。我个子矮小，却有幸在殿内休息。”

秦始皇这才意识到自己的失误，明白优旃是在用自嘲的方式讽刺他。于是，他下令准许卫士减半值班，轮流接替。

有一年，秦始皇打算将打猎游乐的园林东扩至函谷关，西延至雍、陈仓一带。这样一来，数千亩农田将全部变成牧场。

朝中许多老臣听闻此消息后，纷纷上疏劝谏，直言这是劳民伤财、绝不可为的事情。

秦始皇很不高兴，愤怒地说道：“天下都是朕的，朕想扩建游乐场所，你们就婆婆妈妈。谁再敢劝谏，拉出去砍了。”

优旃听说后，趁着秦始皇心情好时探听虚实，他问道：“听说陛下想要扩建园林？”

“确实如此。”秦始皇说。

“真是个好消息！”优旃说道，“园林扩建后，可以养更多的禽兽。如果有敌人从东方进攻，我们可以用那些大大小小的鹿去撞击他们！”

秦始皇听了优旃的话，不禁笑了。不过，仔细想想，为了国家的利益，还是不能过于沉迷于玩乐。就这样，扩建园林的计划终止了。

这就是迂回劝谏的效果。每个人都有自尊心，都认为自己的决定和想法是正确的，不希望被他人毫不留情地直接反驳。

战国时期，齐国遭到赵国攻击。淳于髡带着礼物去赵国，最终说服赵王撤军。齐威王非常高兴，淳于髡回国后，齐威王设宴款待他。宴会上，齐威王问他："你的酒量如何？"

淳于髡回答道："我喝一斗就会醉，喝十斗也会醉。"

齐威王说："你喝一斗就醉了，怎么可能喝十斗呢？你能解释一下原因吗？"

淳于髡答道："受到大王的邀请，在大王面前喝酒，旁边是执法官，后面有御史大夫，我既恐惧又紧张。我低头饮酒，仅一斗就能让我醉倒。

"如果大王款待客人，要我卷起袖子，鞠躬跪拜来斟酒，不断催促我喝尽余酒，还要举杯敬酒，那我喝到两斗便会醉倒。

"如果与长久不见的知己突然重逢，兴高采烈地讨论自上次会面以来的往事和情景，我可以喝上五六斗才会出现醉意。

"如果是邻里聚会，男女自由交往，随意敬酒，轻松聊天、下棋或进行其他娱乐项目，不论是牵手还是欣赏美色，毫不拘束，大家尽情享乐。前面有掉落的耳环，后面有遗失的发簪，这是我最喜欢的。即使喝到八斗，我也只会略感醉意。

"太阳西下时，客人逐渐离去，大家聚在一起饮酒，亲密相坐，男女自由交流，鞋子堆在地上，杯盘遍布桌上。最后，大厅里的烛光熄灭，主人留下我，送走其他客人，空气中弥漫着淡淡的酒香。这是我最快乐的时刻，能够喝上十斗。

"因此，饮酒过量导致混乱，极度欢乐则会带来悲伤。"

齐威王听后，内心虽有不悦，但又无法辩解，只得下令以后停止这样的通宵宴会。

在淳于髡的言辞中，他通过自己饮酒量的多少，间接提醒齐威王不要过度饮酒，否则会荒废国事。在这一过程中，他没有直接陈述饮酒的坏处，而是采用迂回的方式进行表达，最终达到了自己的目的。

有修养懂说话分寸的人指出，很多时候不考虑场合和方式，仅仅怀着“我是为你好”的心态去劝说他人，可能引发对方的反感，甚至产生“为什么我想做的事你就反对？我就这样做，你能怎么样？”的逆反心理。

其实，每个人都具备自我反思的能力，都会对自己的言行和判断进行反思。在劝说他人时，不仅要从理性的角度出发，也要站在对方的立场上，采用迂回的方式进行劝说。只要能让对方心里明白，并按照我们的想法去做，没有必要采取伤人又伤己的直言方式。绕个圈子、拐个弯子，效果会更好，更有说服力，何乐而不为呢？

动之以情，才能征服人心

古希腊哲学家亚里士多德在《修辞学》中指出，情感是激发或控制听众心理反应的说服力量。他认为“情感的改变会引起不同的判断”，也就是说，一个人在不同的情感状态下会做出不同的判断。要想说服他人，说服者必须了解对方的心理，才能激发和控制对方的情感，才能使被说服者朝着说服者所期望的方向发展。

情感说服作为一种手段，被广泛应用，即动之以情。“触龙说赵太后”就是一个经典的例子。

公元前266年，赵惠文王去世后，权力落入赵太后手中，秦国趁机入侵。赵国难以抵挡秦军，只得请求齐国出兵相助。不过，齐国提出一个条件：赵国必须将赵太后的爱子长安君作为人质送到齐国，齐国方可出兵援助。

对于作为母亲的赵太后来说，这个条件无疑难以接受。她怎能割舍母子之情，放弃对儿子的深爱？但是，面对秦军的压境，赵国陷入生死存亡的困境，如果不能满足齐国的要求，赵国将无法摆脱困境。左右大臣反复劝说赵太后，请求她答应齐国的要求，换取赵国的生存。

赵太后态度坚决，拒绝这一建议，并且怒气冲冲地警告群臣：“再有人提出送长安君作为人质的事，我会直接吐他一脸唾沫！”

在群臣劝谏无果后，左师触龙表示希望拜见赵太后。

在这种情况下，触龙敢于再次前去劝谏，让群臣和赵太后都感到非常惊讶。赵太后心中猜测触龙又是来劝谏的，便带着怒气坐在那里，准备一见到触龙就训斥他。

触龙缓慢地走向赵太后，但显露出急切之态，步伐缓慢显示出他的病痛，而他的急切则表现出对赵太后的尊敬。触龙向赵太后道歉说：“臣最近患了足疾，行走困难，有些时日未能拜见太后。私下里我自己宽恕自己，可一直牵挂太后的安危，所以急于来拜见。”

触龙并未提及他是来建议赵太后的，而声称是来探望她的。赵太后听后逐渐平静下来，两人开始闲聊。

赵太后说：“老妇每天靠人推着车子行走，年纪太大了。”

触龙问：“太后的饮食有没有减少？”

赵太后说：“唉，情绪不好，所以一直在吃些稀粥。”

触龙说：“我最近也不大想吃东西，不过每天还是会走几里路。胃口稍微好转了些，身体也稍有好转。”

赵太后说：“但我却不行……”

此时，触龙已经达到了消除赵太后警惕心理的目的。然而，他没有急于提及人质的事情，而是说道：“臣年事已高，有个叫舒祺的顽劣儿子，我很疼爱他，希望能让他加入黑衣卫士中，保护宫廷。”

赵太后同意了他的请求，询问孩子多大了。触龙回答说：“他十五岁了。尽管年幼，但希望在臣去世之前，将他托付给赵太后。”

“唉，我从没想到像您这样的男人也会如此疼爱自己的儿子。”赵太后说道。

触龙回答道：“男人比女人更加疼爱自己的孩子。”

赵太后笑着说：“妇人比男人更加疼爱吧，难道不是吗？”

随着聊天的深入，赵太后的怒气逐渐消散，她开始微笑着和触龙交谈。在这段时间里，她的情绪发生了质的变化。与此同时，触龙把话题引向爱子之事，从而为讨论人质问题铺平了道路。

确实，从“爱”这个话题开始，触龙立即谈起赵太后对女儿燕后的深爱，甚至超过对长安君的爱。他对赵太后说：“当您送燕后远嫁之时，您在马车旁边哭泣，为她嫁到遥远之地而伤心。您确实深爱着她。如今她已远去，您时刻为她担忧，然而在祭祀时，您又虔诚祈祷她不要被送回来。这并非因为您不想她，而是因为您在为她的长远利益考虑，希望她的后代能在燕国执掌政权。”

“确实如此。”赵太后说道。

接着，触龙又说从赵国建立之初直到三代以前，被封侯的赵国子孙没有一个继承过爵位，其他各国被封侯的子孙也是如此。这个事实说服了赵太后。触龙指出：“并不是这些君王的子孙一定不好，而是因为他们的地位高而没有功勋，俸禄厚而没有建树！如今您让长安君居于尊贵的地位，封给肥沃的土地，却不趁这个时机叫他为国立功，有朝一日您去世了，长安君靠什么在赵国立足呢？我认为您替长安君打算得太少了，所以认为您爱长安君不如爱燕后。”

听到触龙这么说，赵太后想了想，说：“好吧，任凭您指派他吧。”

触龙成功劝说赵太后将儿子送到齐国作为人质，采用的就是动之以情的说服方式。动之以情是一种双向交流，要想说服对方，就要求说服者满怀诚意，从心理上接近被说服者，赢得对方的认可，获得对方的接纳，才能一步步说服对方。

那么，在说服他人时，应如何把握好动之以情的分寸呢？可以参考以下几点建议：

1. 理解受众的情感

在开始说服之前，首先要了解你的受众。考虑他们的背景、价值观和情感需求。只有这样，你才能找到与他们产生共鸣的切入点。通过倾听他们的想法和感受，可以与对方建立信任，创造一个开放的沟通环境。

2. 讲述故事

故事是一种强大的说服工具。通过讲述一个与主题相关的真实故事，能够激发情感，引发共鸣。例如，如果你想说服某人支持环保，可以分享一个关于某个社区因污染而遭受苦难的故事。这种情感化的表达能够让对方更容易接受你的观点。

3. 使用具体的情感表达

在表达你的观点时，使用具体的情感词汇。例如，描述一个情境时，可以用“失落”“焦虑”“希望”等词，帮助对方感受到你所传达的情感。避免过于抽象的表达，否则会削弱情感的传递。

4. 展示个人体验

分享你自己的经历和感受，可以让对方感受到你的真诚。例如，谈论你在某个事件中的亲身感受，以及这个事件如何改变了你的看法。这种个人化的叙述能够增强说服力，让对方觉得你是可信的。

5. 共情与倾听

在说服的过程中，积极倾听对方的意见和感受。当他们表达不同的观点时，不要急于反驳，而是表现出理解和同情。这样可以让对方感到被重视，更愿意敞开心扉，接受你的观点。

6. 强调共同的价值观

找到与你的受众共同的价值观，并在此基础上进行说服。例如，如果你们都重视家庭，可以强调某个决策对家庭的积极影响。通过强化共同的价值观，你能够更有效地打动对方。

7. 呼吁行动

在你表达了情感和观点后，明确提出希望对方采取的行动。可以用鼓励性的话语来激励他们，如“你也可以成为这个改变的一部分”。这种呼吁行动的方式能够促使对方认真考虑你的建议。

以理服人，让对方无可辩驳

在为人处世中，我们常常面临说服他人的挑战。无论是家庭聚会上的小争论，还是职场上的重大决策，说服的艺术无处不在。以理服人，既是一种沟通技巧，也是一种智慧的体现。它需要我们在言语中渗透逻辑的力量，同时要细腻地感知对方的情感与需求。

以理服人，需要有扎实的论据。论据如同一座灯塔，照亮前行的道路。在沟通的过程中，陈述一个观点时，务必用真实的数据、事实和案例来支撑我们的立场。比如，在讨论环保时，引用科学研究所提供的数据，说明过度的资源消耗对地球的影响，这不仅能增强说服力，还能让对方感受到我们论述的严谨性与可信度。

战国时，赵文王喜欢剑术，门下聚集三千多名剑客。他们日夜练习剑术，每年导致百余人死伤，尽管如此，赵文王依旧兴趣不减。就这样，三年过去了，国力日渐衰弱，其他诸侯国纷纷计划攻打赵国。

赵王的太子悝对此非常担忧，于是告诉左右随从，说："谁要是能劝说父王放弃剑术之嗜好，我就重赏一千金。"

随从告诉太子悝，可以求助于庄子。庄子答应，假扮剑客，求见赵文王。赵文王接待庄子，问道："您如何运用剑术来制服对手？"

庄子说："十步杀一人，行走千里无人能敌。"

赵文王非常高兴，说："我终于找到天下无敌之剑了。"

庄子说："运用剑术的方法，先示人以玄妙，开剑展示其锋利，后发制人，剑光先到。希望有机会让我比试比试。"

赵文王说："先生请稍作休息，住在客舍中等候，我会安排比试时间。"

赵文王花了七天时间挑选剑客，造成五六十人死伤，选出最有本领的六人。然后他邀请庄子，说："今天，请先生与这六位先生比试剑术。您平常使用的剑有多长？"

庄子回答道："大王，我有三种剑，您可以随意选择。"

赵文王问："有哪三种剑呢？"

庄子说："天子剑、诸侯剑和庶人剑。"

"请逐一介绍它们。"赵文王回应道。

庄子开始说："天子剑以燕山为锋，泰山为刃，魏晋为脊，周宋为首，韩魏为把。涵盖四夷，环绕四季，缠绕沧州，系于桓山，依据五行制造……一旦使用，能够威慑诸侯，使天下臣服。"

赵文王有些困惑，问道："那诸侯剑呢？"

"诸侯剑以智勇之士为锋，清廉之士为刃，贤良之士为脊，忠诚之士为首，豪侠之士为把。一旦使用，将雷霆万钧、山摇地动，在封疆之内，无人敢不从命。"

"庶人剑呢？"

"庶人剑的持剑者头发蓬乱，戴低沿帽子，穿着不整齐的衣服，个个眉头紧锁，言辞粗野。他们相互攻击时，上能斩断脖颈，下能刺穿肝肺，这就是庶人剑。他们之间的争斗如同斗鸡，对国家毫无益处。现在大王有夺取天下的能力，却喜欢庶人剑，我私下里为大王感到羞耻。”

赵文王情绪激荡，沉思良久。他亲自拉起庄子的手，登上殿堂。厨子端上食物和酒，赵文王围着餐桌转了三圈，仍难以平静下来。

此后，赵文王整整三个月未曾出宫，与庄子讨论国家大事。剑术比武的风潮平息，赵国随即繁荣昌盛。

在庄子与赵文王的劝说对话中，庄子运用类比指出了君王应当追求伟大高尚的事业，激起了赵文王的英雄豪情。与此同时，庄子还巧妙批评了赵文王偏爱庶人剑的倾向，导致政务疏于处理、国势日衰，从而使赵文王猛然觉醒。在庄子的劝说之中，没有刻意的严厉言辞，只有深刻的真理和睿智的智慧，展示出庄子以理服人的语言技巧。

那么，在说服他人的过程中，如何把握以理服人的分寸呢？有以下几点建议可供参考：

1. 理解说服的本质

以理服人，首先要明白说服的目的不仅是让对方接受某种观点，更重要的是促使对方认同并愿意采取行动。说服不是单方面的施压，而是建立在理解、尊重和共鸣之上的互动过程。理解这一点，可以帮助我们在说服过程中能够更加灵活应对。

2. 充分准备论据

在说服他人之前，准备充分的论据至关重要。这些论据需要具备以下特点：

（1）真实性。引用真实的数据和案例，增加说服力。

（2）相关性。论据必须与对方的需求、兴趣和背景相符，才能引起他们的关注。

（3）逻辑性。论据之间要有清晰的逻辑关系，确保表达的条理性，使对方能够顺畅地理解。

例如，如果你想说服同事接受一个新的项目方案，可以引用相关的市场研究数据，说明该方案的可行性和预期收益。

3. 了解对方的心理

在说服过程中，了解对方的心理状态和背景知识是成功的关键。每个人都有自己的价值观和思维方式，因此，我们需要调整自己的表达方式以适应对方。例如：

（1）倾听与反馈。在沟通的过程中，主动倾听对方的想法，及时给出反馈，展示你对他们观点的重视。这不仅有助于获取更多信息，还能增强对方的信任感。

（2）设身处地。试着从对方的角度考虑问题，理解他们的担忧和期望。这样做不仅能帮助你更好地回应对方的疑虑，还能使你的论据更具针对性。

4. 使用有效的沟通技巧

以理服人不仅依赖于论据的力量，还需要良好的沟通技巧。以下是一些实用的技巧：

（1）建立情感联系。通过适当的幽默语言、故事或个人经历，建立与对方的情感联系。这种情感联系可以使对方更加放松，愿意倾听你的观点。

（2）采用先赞后驳的策略。在表达自己的观点之前，先肯定对方的看法或努力，这样可以减少对方的防备心理，使其更容易接受你的建议。

（3）引导而非强迫。在说服过程中，尽量引导对方得出结论，而不是直接告诉他们应该怎么做。可以通过提问的方式引导他们思考，从而让他们得出与你的观点一致的结论。

旁敲侧击，既不让对方难堪又能保全颜面

在为人处世中，无论你经历过什么或他人让你多么气愤，直接怒怼对方，图一时口舌之快，其结果都会使你自己成为不讨人喜欢的人。而有修养懂说话分寸的人，面对如此情形，善于使用旁敲侧击的方式进行应对，从侧面批评或说服。

苏秦到达楚国后，等待三天才得到楚王的召见。召见完毕后，苏秦立即告辞返回家乡。

楚王说道："我早就听说苏先生的大名，今天见到你就像见到古代的贤人一样。你远道而来，为什么不肯多留些时日呢？"

苏秦回答道："楚国的饮食比宝玉还贵，柴火比桂木还贵，传达人像鬼一样难以捉摸，见大王如见天帝般难得。现在您让我吃宝玉、烧桂木，依赖鬼去见天帝。"

楚王顿时感到羞愧，说道："请暂时在客栈安歇吧，我会遵从你的意愿。"

在这个例子中，苏秦采用的就是旁敲侧击的方法。

旁敲侧击不直接陈述意图，而是使用微妙和迂回的语言来达成目的。在为人处世中，要想说服他人，一定要懂得旁敲侧击的技巧，一旦掌握，就可以在不引发语言冲突的情况下，让对方对你心服口服。

许多时候，当面对陌生人或不能得罪的人时，直言不讳未必能产生积极效果，而通过旁敲侧击的方式表达意见或建议往往更为合适。这种表达方式既富有暗示性，又具有启发性。如果对方能够理解并接受，问题往往能够顺利解决；即便对方未能接受，也不会对整体局势产生重大影响。

某广告公司举办研讨会，邀请到几位国内知名的艺术家。活动的策划负责人刘娟由于是第一次负责此类活动，直到活动开始前十分钟才意识到自己忘记将桌签带到会场。

就在活动的前一晚，刘娟的上司张萍离开公司前，恰巧发现桌签遗落在办公室，于是将其收好并放进车里，第二天早上带到了会场。

活动马上就要开始，刘娟发现忘记带桌签，回公司取已经来不及了，就在她绝望之际，张萍将桌签递给了她，并笑着说："看来今天我成你的助手了，下次可得多加小心，别再让我当跟班了。"

从那以后，刘娟再也没有犯过类似的错误。在接下来的两年里，她成功策划了多场对公司具有重大影响的活动，取得了显著的成绩，逐渐成长为张萍团队中最为出色的核心成员。

面对刘娟工作中的失误，张萍并没有给予责备或相应的处罚，而是以一种宽容的态度给她善意的提醒。同时，她还用幽默的方式缓解了刘娟的心理压力，帮助刘娟以积极的心态改正错误。最终，刘娟凭借着不断的努力，成长为团队中最为出色的核心成员。

可以说，温和的劝导比直接的批评更能打动人心，激发积极的改变。通过旁敲侧击的方式，不仅能帮助对方改正错误，在对方心中留下深刻的印象，还能激发对方的责任心和上进心。

赵菲是一家建筑公司的设计师，平时经常到施工现场进行检查。有一次，她在巡查时发现一些工人未佩戴安全帽，考虑到这是违反安全规定的行为，她立即对现场的工人进行批评，并要求他们立即佩戴好安全帽。

被批评的工人按照赵菲的要求戴上了安全帽，但一个个显得很不高兴。当赵菲转身离开后，几名工人将帽子摘下拿在手中，冲着她的背影晃动帽子，以示不满和抗议。

赵菲扭脸发现工人发泄不满的行为后，对自己刚才的批评行为进行了反思，认为那样做不妥。于是，她改变方式，再看到有工人不戴安全帽，不再批评了，而是问道："帽子戴着是不是不舒服？要是尺寸不合适的话，我可以从中协调，帮大家换一个。"然后还提醒道："施工现场危险系数高，家里的亲人都希望你们每天平平安安，戴安全帽可以防止高空坠物砸伤头部。"经过这样的转变，效果大有好转，工人们也心悦诚服。

最初，赵菲对工人的批评带有一定的强硬态度，工人之所以短暂地改正行为，更多的是出于被迫。后来她改变表达的方式，轻声细语地指出问题，传递出对工人的关心和责任感。这种方式使工人自愿地接受她的建议，并主动改正行为。这就是旁敲侧击的优势和好处。

在为人处世中，使用旁敲侧击的说服方式时，运用类比和比喻是一种非常有效的技巧。通过将两种具有相似特点的事物进行对比，可以巧妙地暗示或提醒对方的不当言行，帮助他们意识到自己存在的问题，同时能让对方心服口服。比如，当你面对一个有陋习的人，你想让对方改掉身上的陋习时，可以这样说："你看路旁的树，每年都会修剪，别看剪去很多枝条，但它们的生命力比不剪还要顽强，活得比我们还长。"这种委婉的表达方式，不仅能避免枯燥的说教，还能够给对方带来启发，达到劝解和说服的效果。

在使用旁敲侧击的说服方式时，需要特别注意自己的语气和态度。间接提醒应当温和，不要过于尖锐或直接，否则可能引发对方的反感，使你的话语失去作用。尤其是在与敏感人群沟通时，更要保持耐心与友善，因为他们通常比较敏感，且自尊心较强，一旦受到言辞激烈的刺激，容易失去理性。在这种情况下，应该采取柔和的方式，避免使用强硬的语气，否则即使你的观点再正确，也难以赢得对方的认可和接受。

摆明利害关系，增加说服的砝码

在为人处世中，我们常常会遇到一些固执己见、不愿倾听他人意见的人。对于这样的人，最有效的说服方式往往是让他们意识到自己所坚持的观点会带来什么样的后果。换句话说，向他们阐明利害关系是实现有效说服的关键所在。

战国时期，齐宣王接见孟子。孟子询问道："大王，您发动战争，让士兵冒险，这样使齐国与其他诸侯国结下仇怨，您心里真的觉得痛快吗？"

齐宣王回答："并不是这样，我为什么要这么做才会感到痛快呢？我希望能够实现我的伟大理想。"

孟子问："大王能否告诉我，您的理想是什么？"

齐宣王微微一笑，却没有回答。

孟子说道："难道是因为美味的食物不够吃，轻薄暖和的衣服不够穿，绚丽的色彩不够欣赏，动听的音乐不够听，还是因为侍奉的人手不足？大王真的是为了这些吗？"

齐宣王回答："不，这些都不是我的目的。"

孟子说："我明白了，大王的理想是要扩展领土，让秦、楚这样的强国都来归顺您，您要做天下的盟主，安抚四方的外族。如果您打算通过战争来实现这个理想，那就像爬到树上抓鱼一样。"

齐宣王问："这真的有那么严重吗？"

孟子回答："恐怕比这还要严重。爬树去抓鱼虽然无法成功，但也没有太大的后患；而为了实现某个理想，拼命去做与实现这个伟大理想相悖的事情，会带来灾祸。”

孟子随后以邹、楚为例，说明大国和小国之间不应为敌，强国与弱国之间也不应相互对立，齐国更不能与整个天下为敌。同时，他强调，想在天下争夺王位，就必须施行仁政。

最后，齐宣王说：“对于您的主张，我愿意尝试，希望您能辅佐我实现理想。”

孟子巧妙地逐步引导齐宣王说出自己的真实想法，并通过生动的比喻阐明利害关系，使齐宣王意识到，强行攻打只会结下仇怨，就像爬树去抓鱼一样，是方向上的错误，只有施行仁政，才是国家外交的正确路线。

提到球王贝利，对足球有些了解的人都知道，他是20世纪伟大的足球明星之一。贝利是足球史上罕见的天才球员，童年时期便展现出出色的足球天赋。

有一次，小贝利在参加完一场足球比赛后，队员们坐在草坪上休息，聊着比赛中的趣事。这时，一位队友从包里拿出一盒香烟，分给周围伙伴，小贝利也得到一支。此前，他从未吸过烟，在队友的极力鼓动下，他叼起香烟抽了起来。不巧的是，他的父亲恰好来探望，看到了这一幕。小贝利发现父亲后，立刻掐灭香烟，装作若无其事的样子。父亲面带微笑地走过来，并没有当场揭穿他的行为。回到家后，父亲和蔼地问：“今天你抽烟了，是吗？”

小贝利没有说话，只是摇了摇头，表示自己没有抽烟。父亲轻轻拂去他头上的草屑，说：“别狡辩了，我可看见了。”

小贝利意识到无法隐瞒，只得垂下头，红着脸回答：“是的。”随后，他做好接受父亲训斥的准备。

小贝利没有料到的是，父亲并没有训斥他。他在小贝利身边踱步，缓缓说道：“孩子，我从未怀疑过你在足球上的天赋，如果你能勤奋训练，将来一定会有所成就。但你要记住，成为一名优秀的足球运动员，必须拥有强健的身体，而抽烟对健康极具威胁。今天你抽了人生中的第一支烟，明天可能就会抽第二支、第三支……长期下去，抽烟不仅不会提高你的球技，反而会影响你的身体健康，让你无法继续追求你热爱的足球运动。”

父亲停顿了一下，见小贝利没有回应，继续说道：“作为你的父亲，引导你朝正确的方向成长是我的责任。我会坚决阻止你抽烟这样的不良行为。至于我的阻止是否有效，最终还是取决于你自己。换句话说，向好的方向发展还是走上歧途，都是由你来决定的，而我的劝阻没办法剥夺你的选择权。”

说到这里，父亲又停顿了一下，观察着面前的小贝利，喝一口茶后说道：“你到底是想让烟继续损害你的健康，还是希望自己成为在赛场上表现出色的运动员呢？现在你已经具备判断能力，希望你能为自己做出一个明智的选择。”

说到这里，父亲从口袋里摸出一张钞票，递给小贝利，说：“如果你真的想放弃你热爱的足球运动，不想奔跑在绿茵场上，而选择继续抽烟，作为父亲，我会尊重你的决定。这是给你准备的第一笔抽烟费。”说完，父亲将钞票塞入小贝利手中。

小贝利握着父亲给的钱，想着父亲的话，对自己的抽烟行为非常后悔。经过一番思考，他走向正在屋外忙碌的父亲，说：“爸爸，我错了，我想成为一名出色的运动员，以后坚决不再抽烟了。”

从那以后，贝利再也没有抽过烟，并且更加努力刻苦地训练，最终成为一代球王。

在教育小贝利的过程中，他的父亲表现得很有智慧。对于孩子而言，直接批评往往会引发逆反心理，难以达到让小贝利不抽烟的目的。因此，父亲采用分析利害的方式，告诉小贝利抽烟的坏处，让他明白抽烟对健康的危害，以及将来对他在足球方面发展的影响。

可以说，晓以利害是有效说服他人的关键。能够充分运用这一方法，就能成功说服对方。这不仅能帮助他人做出正确的选择，朝积极的方向发展，也能让自己的说服达到目的。例如，当涉及集体利益时，要想成功说服决策者，就应当阐明“不正当决定”的利害，提供有理有据的分析，这样可以有效地帮助决策者做出正确的判断。当然，晓以利害并非凭空想象，也不是随意编造，更不是毫无根据的主观臆断，而是建立在理性判断和合理推测之上的。

那么，在说服他人的过程中，如何把握好晓以利害的分寸呢？可以参考以下几点建议：

1. 要在言辞中体现对对方的关心

对于固执的人，直接劝说可能会激起他们的反感情绪。要是在言辞中表现出对他们的关心，便能减少这种抵触心理，从而更容易引入话题。

2. 论据要明确

晓以利害离不开事实，用事实来证明对方坚持的观点是错误的，才能起到让对方无力辩驳的作用。当然，所选的事实论据必须简洁明了，不能随意挑选。

3. 点到为止

在让对方了解利害关系后，要将选择权留给他们，不要强迫对方做出决定。有些人即使意识到自己的观点是错误的，碍于面子，仍然不愿意当面做出选择。因此，应给对方留出一定的思考空间。

总而言之，在说服他人的过程中，有理有据、晓以利害是成功的关键。要是想在说服过程中展现出色的口才或实现自己的目标，就不要忘记这一沟通技巧。掌握了它，与人交流时，将会起到事半功倍的作用。

引经据典，更具说服力

经典之所以被称为“经典”，是因为它经受得住时间的考验，被认为是权威且可信的思想、观点或故事。因此，说服他人时，引经据典具有极强的说服力，许多有修养懂说话分寸的人常常将其作为论据，以增强自己的说服力。

2008 年 5 月，俄罗斯国家元首梅德韦杰夫在北京大学进行演讲，阐述未来中俄战略合作的设想与期望。梅德韦杰夫非常善于引经据典，在演讲过程中频繁引用中国传统文化中的经典语句，如《论语》中的“学而时习之，不亦乐乎”,《道德经》中的“使我介然有知，行于大道，唯施是畏”，不仅如此，他还对中国俗语熟记于心，如“长江后浪推前浪，浮事新人换旧人”。

梅德韦杰夫在演讲中巧妙地引经据典，拉近了与在场 600 多名师生的距离，也彰显出他个人的文化内涵和人格魅力，赢得了师生们的热烈掌声。

周兴提前来到事先约定好的咖啡馆等待凌先生。凌先生是位成功的企业家，对周兴的项目颇感兴趣，周兴更是期待双方能合作成功，但他也知道凌先生从商前是大学老师，平时处理事情冷静且理智。

十分钟后，凌先生准时出现在周兴面前。两人寒暄几句后，周兴开始介绍自己的项目。凌先生显得较冷淡，偶尔点头，也只是出于礼貌。周兴看到如此情况，心想：要是不改变策略，不会激起凌先生的兴趣，自己的项目极有可能无法洽谈成功。

想到这里，周兴微笑着说：“凌先生，我想起《论语》中的一句话：‘君子周而不比，小人比而不周。’这让我想到在商业合作中，建立长期的互信关系是多么重要。我们不是简单的利益合作，而是要形成一个能够相互支持和成长的生态系统。”

凌先生听后，眼神闪了一下，似乎对这句话产生些兴趣。周兴抓住机会，继续阐述自己的观点，强调合作的长远利益而不仅仅是眼前的利润。他补充道：“就像老子所说的‘千里之行，始于足下’，每一个成功的合作都是从小的信任开始的。我希望我们能从小处着手，逐步建立信任，最终实现双赢。”

这时，凌先生的态度开始缓和，面露思考之色。周兴看到这个变化，决定再引用一则历史故事来加强说服力，他说：“我想起《三国演义》中的刘备与诸葛亮的故事：刘备为了请诸葛亮出山，不惜三顾茅庐，正是因为他看重诸葛亮的才能和忠诚。他们的合作不仅改变了历史，也让他们的事业蒸蒸日上。这种对人才的尊重和信任，正是我们在合作中应当学习的。”

凌先生的眼神逐渐变得温和，开始认真思考周兴的项目与合作方案。最终，双方经过深入交流，达成一致。凌先生表示，他被周兴的真诚和对合作的长远考虑打动，愿意尝试这种合作模式。

离开咖啡馆后，周兴心中充满喜悦。他明白，正是通过引经据典和巧妙的故事分享，才增强了自己的说服力，也在凌先生心中种下了信任的种子。

在沟通和说服的过程中，引经据典是一种有效的技巧。通过引用经典文化、历史名言和文学作品，可以增强论述的权威性、深度和感染力。这种方法不仅可以帮助我们更好地表达观点，还能在潜移默化中影响他人的思考和态度。

那么，在说服他人时，该如何把握引经据典的分寸呢？可以参考以下几点建议：

1. 先弄清原话的出处，不要张冠李戴

引经据典时，最忌讳张冠李戴，一定要追根溯源，确认其准确出处。若搞不清、不能确认，宁可不说。例如，朱熹说："人之一心，天理存，则人欲亡；人欲胜，则天理灭。"若是说成王阳明说的，那就显得太没文化，不仅达不到说服的目的，还会遭到嗤笑。

2. 要全面领会原文，不要把意思弄反

一句话，原著者的意图是讽刺、是贬义，若没弄清原著者的意图，理解成褒义，再拿过来引用，会对说服很不利，容易被对方驳倒。在引用前，一定要仔细分析原文的意思，弄通弄懂之后才能加以引用。

3. 尽量引用原文，不要以讹传讹

事实上，随着历史的发展、文化的变迁，有很多经典的话，如今已经出现了许多不同版本的说法，这就要求我们在引用时，要尽量引用原文，不要以讹传讹，防止出错。

4. 控制引述的频率

在说服过程中，适度引用是关键。过多地引经据典可能会让对方觉得你是在用经典掩盖自己的观点，而不是在进行真诚的交流。因此，要保持引用的简洁性和适度性，确保每一次引用都有其必要性和价值。

5. 引经据典要适应对方的身份

了解对方是成功的说服策略。不同的人对经典的理解和接受程度不同。在与专业人士交谈时，可以引用专业领域的经典语句；而在与普通大众沟通时，使用通俗易懂的经典名言会更容易引起共鸣。例如，引用"时间就是金钱"就可以有效地传达效率的重要性。

6. 注重表达方式

引经据典的表达方式也会影响说服的效果。语气应自信且自然，避免生硬的引用方式。可以通过语调的变化、节奏的把握，增强引经据典时的感染力。使用恰当的肢体语言和眼神交流，可以让对方感受到你的真诚与热情。

第八章

规则：管好自己的嘴，不该说的不要说

在为人处世中，一定要把握好说话的分寸，因为有些话能说，有些话不能说。有修养懂说话分寸的人，不会口无遮拦，不分场合、不分对象乱说一通；而不懂说话的人，不动脑筋，只会信口开河，处处得罪人，这种人，言而无忌，无法达到交流的目的。

说话忌太密，言多容易祸从口出

古语有云："言多必失，祸从口出。"这句话，几乎所有人都听过，遗憾的是，不是每个人都能把这句话听进心里。不然的话，也不会有那么多人总在滔滔不绝地讲话，他们毫无忌讳，该说的、不该说的，统统当成茶余饭后的谈资，言语间暴露诸多问题也不知道，惹来麻烦还不知何故。

芊芊和安安是同乡，三年前两人一起进入现在的公司做人事专员。她们原本关系就很好，后来在同一公司同一部门工作，姐妹情只增不减。安安的工作能力略强，在处理人际关系方面也比较出色，后经过领导层的商议，决定晋升安安为人事部经理。

升职后的安安，成了芊芊的直属上司。芊芊倒也不错，在工作上全力支持自己的朋友，偶尔还会帮安安一起带带部门里的新人。过去只是安安和芊芊单独相处，说话的时候没那么多忌讳，可现在安安毕竟是公司的中层管理人员，又是人事部的经理，自然要在下属面前树立一点威严。芊芊大大咧咧的，根本没意识到这一点，好几次在说话时遭了白眼。

在芊芊心里，安安永远是安安，是自己的朋友。当着新同事的面，她毫无忌讳地跟安安大谈特谈过去："还记得吗？咱们第一次去办社保，你不知道在哪儿，竟然跑错了地方，急得都快哭了。""还有那次，你给公司的陈姐办生育津贴，结果给人家弄错了。"要么就是直截了当地评论安安的衣着打扮："你这套衣服什么时候买的呀？我怎么没见你穿过？说实话，这颜色不是很好看……"

最初几次，安安都容忍了，见芊芊没有收敛，她便在社交软件上对芊芊发了脾气："你能不能少说两句呀？有些事你我知道就行了，有必要拿出来给大家当笑料吗？咱们是朋友，可你多少给我留点面子行不行？你让我在新同事面前怎么做人？拜托你说话之前，先在脑子里过一遍，别什么话都拿出来说。"

相处这么久，芊芊还没见安安发过这么大的脾气，说过这样的话。她回复了一句"知道了"，可心里却特别不是滋味，自己只是习惯了这样说话，没想到竟然惹得安安生这么大的气。冷静下来之后，仔细想想，她又觉得自己在办公室里确实有点多嘴了。

有修养懂说话分寸的人，就算与朋友相处，也不会什么话都说，更别说在职场了。职场是工作的地方，你的一举一动，周围人都看着，很多话，说者无心，听者有意。就算你与上司私交不错，可说的话多了，泄露私密的事情多了，甚至把上司过去的糗事拿来讲，无疑是犯了大忌。大度的上司或许会像安安这样，能够容忍你，提醒你；遇到小气一点的人，也许你们从此就断了情意，形同陌路。就因为多说了话，造成这样的结果，实在得不偿失。

言多必失，说得一点都没错。有时，说的话多了，会不小心触碰到别人的底线；更糟糕的是，一不小心说得多了，还会被人利用，后悔都来不及。

苏晴是一家外贸公司的业务主管。在一次同行交流会上，她认识了另一家公司的业务员赵女士。两个人聊得很投缘，谈的话题也越来越宽泛，大有相见恨晚之意。苏晴把赵女士当成了自己的知己，离开交流会之后，她们还相约去了商场。逛得累了，赵女士又爽快地请苏晴喝了咖啡。之后，她们又见过几次面，俨然成了好友。

两个月后，苏晴打算将公司新的业务计划投入实际运作，不料却被客户告知，已经有其他公司在做了，他们与对方已经签了合同。这个计划，只有老板和业务主管苏晴知道，公司其他同事全然不知，谁泄露的呢？

苏晴这才想起，是自己在跟赵女士喝咖啡时，不小心提到过公司的计划。她怎么也没想到，笑起来亲和温婉的赵女士会在背后利用自己。当然，让她更自责的是，实在不应该轻信别人，什么话都说，要是当初嘴巴严点儿，少说两句，也就不会遇到这种事情了。现在，她要付出的代价是罚俸降职，永不重用。这些委屈，她又该向谁去说呢？

“逢人只说三分话，未可全抛一片心。”此话听起来不那么温和顺耳，却不得不重视。这“三分话”指的是风花雪月、柴米油盐、天上地下、山海奇观等无关乎现实的事，说得兴味淋漓，皆大欢喜，完全可以避免交浅言深的麻烦。有些重要的话，特别是关于隐私、商业机密的事情，一定要把好口风。别忘了，祸从口出，往往就是说话之前没在脑子里多绕几个弯，才不小心说漏了嘴。

在为人处世中，尤其是兴味正浓或话语投机时，千万要记得把好口舌关。该说的说，不该说的就藏在自己心里，不要觉得别人在倾诉知心话时，自己不说得多一点就是欠别人一份人情。人际关系往往不是单一的，给自己留余地，话不说尽，于人于己都有好处。这才是正确的交友之道，也是每一个人必修的功课。

闲谈莫论他人是非

闲谈是一件轻松的事情，是提高生活趣味的一种方式，不该有所顾忌，否则就违背了闲谈的目的。然而，在为人处世中，闲谈他人是非的人并非少数，有一句话叫作“谁人背后无人说，谁人背后不说人”，这句话虽然说得有些绝对，却也说明了一个道理，那就是大多数人会在背后谈论别人，只是所说的是好话还是坏话，就无从考证了。不过有一点，经常在背后谈论他人是非的人，肯定不会是受欢迎的人。因为凡是有点儿头脑的人，都会自然而然地这么想：“这次你在我面前说别人的是非，下次你就有可能在别人面前说我的是非。”这样一来，你给别人的印象就不可能好到哪里去。

陈平与李燕是一对非常要好的朋友。一天，她们应邀参加另一个朋友的生日聚会。在宴会大厅里，陈平遇到了一个小学同学，于是热情地上前打招呼，二人很快就聊了起来。谈话过程中，陈平的小学同学提到了李燕，说：“我和李燕也是同学，她那个人实在不怎么样，不知道她现在在做什么，不过肯定不会有好的发展，像她那么自私的人，谁会与她交朋友！”听到这里，陈平说：“不要在别人背后说三道四，这样是不礼貌的，更何况李燕并非像你所说的那样，她为人很正直，我们已是多年的好朋友了。”说罢转身离开了。小学同学自觉没趣，再也没有与陈平联系。

闲谈是考验一个人品德高尚与否的重要标准之一。有修养懂说话分寸的人指出，一个人如果在闲谈中，总是捕风捉影、搬弄是非，说明这个人不怎么样。因此，在与人相处时，一定要注意不要因闲谈用语不当，而损害自身形象。要把好口风，别给自己找麻烦。

莉莉是一个从不在背后说别人坏话的聪明人，她的两个朋友因为一件小事闹得很不愉快，两个人虽然平时见面还都装着一副无所谓的样子，然而一旦分开，就会对别人说对方的不好，将对方的“坏处”添油加醋地讲出来。

作为朋友，莉莉成了她们双方发泄对对方不满的重要人物。莉莉知道她们之间的一切，所以当甲对莉莉说乙的坏话时，莉莉尽可能地保持沉默，在适当的时候加进一两句劝导的话，不对乙做任何评价；当乙对莉莉说甲的坏话时，莉莉也同样不对甲做任何评价，同样在适当的时候劝导乙几句。同时莉莉还做到一点：所有的话，无论是甲说的还是乙说的，都让它们到这里打住，再不外传。

一段时间过后，当甲、乙二人都冷静下来时，回想起在莉莉面前所说的那些话，她们自己都觉得不好意思。由于莉莉处理得当，她们之间的矛盾没有进一步激化，好朋友终究还是好朋友，后来甲、乙二人都对莉莉感激不尽，并对莉莉更加尊重，甚至愿意将所有的心里话都对莉莉倾诉。

当你面对着对方把不在场的另一个人说得一无是处的时候，你自己的形象在对方的心目中也同样已经一无是处了。“闲谈莫论人非”，要想成为一个受欢迎的人，就要多说别人的好话，而不是在背后说别人的坏话。所谓“病从口入，祸从口出”，其中的道理人人知晓。

曾有人将舌头比作一把锋利的剑，杀人于无形，这个比喻一点也不夸张。一句不负责任的话，很可能造成一场人间悲剧。与人闲谈时，一定要注意自己的言行，别让闲谈害了他人，也伤了自己。

那么，为了使闲谈不产生坏的影响，应该如何注意分寸呢？可以参考以下几点建议：

1. 不说别人忌讳的话题

在闲谈中尽量回避对方忌讳的话题，用爱心去体谅他人。要知道，任何人被击中痛处，都会受到伤害。因此，在与人交谈的过程中，必须管好自己的嘴，不提及他人忌讳的话题。

2. 控制情绪，以免出口伤人

许多人一旦被激怒，理智便消失殆尽，会说出一些令他人不能接受的话，等风平浪静后，回忆自己说出的话时又不禁后悔万分。当自己即将发怒时，首先要控制好嘴，不管说什么样的话，都要本着不伤害别人的原则。

3. 闲谈不说不着边际的话

双方交谈时，最好不要谈论不在场的第三人，即使所谈之事不可避免地涉及不在场的第三人，也要掌握好度，与此事密切相关的可以谈，但没有联系的事必须就此打住。更不能当着交谈者的面，用不礼貌的语言评论不在场的第三人，或用侮辱性的语言诽谤不在场的第三人，这些都触犯了谈话的禁忌。别人会对你产生看法，对你提高警惕，可能不会再对你畅所欲言，因为他担心自己遭到与不在场的第三人同样的“待遇”。

4. 不要嘲笑对方失言的地方

闲谈中，对方的言谈举止有失态的地方，不宜嘲笑。即使要提醒对方保持风度，也要采取适当的手段，给对方留足面子。在闲谈中，经常给别人留台阶，才能表现出一个人的君子风度。时间长了，会给人留下宽容豁达、光明磊落的好印象。

闲谈中，必须用好大脑、管好嘴。闲谈是增进感情、扩大人际交往圈最有力的工具，不要因图一时口舌之快而造成不可挽回的损失。

每人都有心理禁区，别去挑战它

俗话说：“尺有所短，寸有所长。”每个人都有自己的优点和缺点。在与人谈话的过程中，应尽量避免采用揭短的方式来打压对方。比如，对方身体有某种缺陷，或有被行政处罚的前科等，这对他们本身来说就已经是不可磨灭的记忆了，而你一而再、再而三地提出来，只会增加他们的心理负担，让他们痛苦不堪。现今社会，人们都在朝着文明的方向发展，这种揭短的行为已经被越来越多的人鄙视，“打人不打脸，说话不揭短”已经成为人们普遍重视的信条。为人处世中，一个肆意揭露他人之短、以伤害他人为乐的人，只会遭受人们的唾弃。

古罗马有位叫科里奥拉努斯的英雄，曾在战场上立下赫赫功绩，他的英雄事迹在古罗马口口相传，众人提及他，总是赞不绝口。但是科里奥拉努斯年纪渐长之后，就希望从军界转入政界，过上安稳一点儿的生活。而这时候，进入政界最好的办法就是通过竞选得到最高执政官一职。

竞选开始后，科里奥拉努斯发表了一场令人十分感动的演讲，他从自己身上的无数伤疤开始讲起，向选民讲述了自己在战场上十几年来的诸多艰难经历，几乎所有的人都被科里奥拉努斯的英勇和爱国精神感动，他们决定要投他一票。从当时的情况来看，科里奥拉努斯已基本成功了。

但是，走下演讲台之后，科里奥拉努斯完全变了，在投票日即将到来的时候，他开始在会议厅里诋毁对手，并高傲地宣称凭借自己的赫赫战功必然会当选，与此同时，科里奥拉努斯毫不避讳地恭维那些贵族，而对平民毫无致谢之意。

选民在看到他的作为之后，纷纷改投科里奥拉努斯的对手，这直接导致了他的落选。

此时，科里奥拉努斯依然不思悔改，他把所有的责任都推到那些导致他竞选失败的平民身上，发誓要对他们实施报复。机会很快来了，一批物资运抵罗马，元老院开始为是否将这些物资免费发放给平民展开讨论。科里奥拉努斯当然不肯放过这次报复的机会，他用激烈的言辞抗议将物资发放给平民，并建议将平民代表赶出统治层，由贵族全权主导一切。因为他的反对，导致平民免费分得物资的议案未能通过。

消息传出之后，罗马的平民立刻愤怒了，他们聚集在元老院门前，要求与科里奥拉努斯当面对质，当时科里奥拉努斯傲慢地表示，他是不会和下等人见面的。他的这一举动，引起了人们更大的愤怒，罗马的平民举行了一场声势浩大的暴动，元老院见事态严重，便同意了将物资免费向平民发放的议案，但是人们依然愤怒地要求科里奥拉努斯出来道歉，不然坚决不允许他再次奔赴战场。

科里奥拉努斯迫于无奈，只好走出元老院，压下心中的怒火向平民道歉，开始时他的语气还算温和，但是在受到平民接二连三的质问之后，他变得暴躁起来，言语越来越无礼，最后甚至公然辱骂平民。震怒的平民立刻大声抗议起来，他们要求元老院判处科里奥拉努斯死刑，将他扔下悬崖。最后，经过贵族们大费周折的劝说，科里奥拉努斯被判为终身放逐。平民取得了胜利，一场暴动这才得以平息。

总结整个事件，科里奥拉努斯之所以会从一位英雄变成惹人讨厌的公敌，最根本的原因就是他太过心胸狭窄了。无论出现什么状况，总是别人的错，他是绝不会错的；别人做了有损他利益的事情，他一定要报复。却不知这种态度让他陷入了更加恶劣的处境之中，最终自食恶果。

有修养懂说话分寸的人认为，每个人都有忌讳心理，都有自己与人交往所不能提及的禁区。这个禁区就像人们常说的胖子面前不提肥、“东施”面前不言丑一样，让他人痛苦的事情应尽量地避而不谈。这不仅是处理人际关系的技巧问题，更是对待朋友的态度问题。懂得说话不揭短的人，往往也懂得尊重他人，对他人尊重就是对自己的尊重，只有这样，才能从心理上征服他人。

齐欢天生就非常瘦，属于那种怎么吃也吃不胖的人。虽然现在的女孩都在减肥，齐欢却一直想增肥，因为她的身材比较单薄。她多么希望自己也有一个凹凸有致的身材。这简直成了她的心病，并且很介意别人提起。

而齐欢的好朋友李凤却生得一副魔鬼身材，她为此非常自豪。尤其是和齐欢在一起的时候，她更是自信满满，得意扬扬。私底下，她没少嘲笑齐欢的身材。但是，因为没有外人，齐欢也都没放在心上。

谁知，在一次好友聚会上，大家在闲聊的时候，聊起了减肥的话题。大家都说很羡慕齐欢的苗条，李凤却说："其实，太瘦了也不好，大家还是喜欢我这样的，凹凸有致，像齐欢这样就太瘦了，干巴巴的，不知道的人还以为身体有什么毛病呢。"

齐欢听到这话脸色立即一变。虽然大家都朝李凤使眼色，甚至用咳嗽来提醒她的失言，李凤却完全沉浸在对自己的夸赞中，完全没有注意到大家的反应，并自顾自地继续说："你们知道那个赵飞燕吧？特别瘦的那个，网上说她就是因为太瘦，所以虽然得到皇上专宠，却没能生下孩子。"

还没等她说完，齐欢就起身拂袖而去。从那之后，不但齐欢不再和李凤说话，就连其他的朋友也都尽量躲着她，不愿意和她深谈。

李凤作为齐欢的好友，不但不维护朋友的面子和尊严，还故意在众人面前触碰朋友的心理禁区，在伤害了朋友的同时，也给众人留下了不好的印象，导致自己失去了珍贵的友情。即便她是无心的，并没有什么恶意，但是，这种口无遮拦依然是让人无法原谅的。

俗话说："矮子面前莫说矮。"那些面对着生理上的缺陷或是家庭不幸的人，他们本身就已经很痛苦了，如果你再有意无意地揭别人伤疤，只会让对方感觉更痛苦，所以，人们在碰到这种情况的时候就要加以避讳，尽量注意语言说词，不然只会伤人又伤己。

有修养懂说话分寸的人提醒我们，在和朋友相处时，一定要谨言慎行，不要挑战对方的心理禁区。要做到这一点，除了珍惜友情，言之有节，在关键时刻控制住自己的情绪，不要说出伤人伤己的话，还要注意完善自己的人格修养。

面对他人诉苦，开口提建议犯下大忌

每个人都会出现负面情绪，心情不好时，都会有向他人倾诉的心理需求。当朋友、同事倾诉时，有些人会表现得非常"热心"：不仅给予心灵上的安慰，还试图给对方想办法，甚至帮助对方控诉倾诉者所指责的人。许多人以为，这种做法是高情商的体现，实际上这是人际交往中的一个大忌。有修养懂说话分寸的人指出，很多时候，朋友倾诉心声是为了获得心灵上的共鸣，希望你能对他们的痛苦产生共感，而不是单纯地寻求安慰。在这种情况下，最好的做法是陪伴对方，认真倾听他们的话语，并对他们的情绪表示理解和支持，而不是随意给出建议。

李蕾是一位新员工，活泼开朗，公司内的许多同事都喜欢她，尤其是刘青，对李蕾的印象特别好，短时间内两人的友谊直线上升。在工作中，她俩经常互相帮助，一方遇到困难另一方定会及时、主动伸出援手。

一次，刘青与男友发生争吵，找到李蕾倾诉苦恼，抱怨男友不体贴、不靠谱，缺乏上进心和责任感。看到刘青痛苦的样子，李蕾很气愤，就在一旁添油加醋地说：“你怎么找了个这样不靠谱的男友呢？还是赶紧分手吧，免得以后受更大的罪！”

听到李蕾的劝解，刘青内心得到些许安慰。数周后，刘青在背后对其他同事说：“别看李蕾平时讨人喜欢，她的心眼儿可不好，上次她居然劝我跟男友分手。”

随后，其他同事对李蕾产生看法，她的受欢迎程度也大不如从前。李蕾得知情况后，非常痛心，她当时只是想给朋友一些安慰，没想到却换来这样的结果。

李蕾完全出于好意，想让朋友得到一些安慰，于是提出建议，结果却落得个如此下场。由此可见，当面对他人诉苦时，以倾听为主或给对方一个拥抱，一定要管好自己的嘴，控制好自己的情绪，不要贸然给出建议。非要说的话，可以这样说，“遇到这事儿，谁都不好受，我能理解你的心情”“相信你有能力把这件事处理好”等。

在为人处世中，很多人曾像李蕾那样，不注意说话的分寸，做出低情商的事：面对朋友或同事诉苦，特别是女性朋友，为了宽慰对方，张口闭口满是建议，或顺着对方的话，说另一方的坏话，极有可能给自己招来不必要的麻烦。

在为人处世中，有些人的情绪容易上头，尤其是面对好朋友倾诉时，他们也会随之难过。当对方表达愤怒时，他们很容易被煽动，恨不得立刻为朋友出气。这种反应虽然出于好意，但如果无法控制自己的情绪，往往会做出让自己后悔的事情。要知道，有修养懂说话分寸的人，首要任务是管理好自己的情绪，时刻让自己处于冷静状态之中，然后再做出合理的动作或说出合理的话，给予对方安慰，让对方有被理解、被温暖的感觉。

邵嫣和赵宇琪在同一家文化公司，关系十分亲密，无论谁在工作或生活中遇到委屈，都会向对方诉苦。

一次，邵嫣在稿件的编校环节出现质量问题，遭到主编的严厉批评。下班后，邵嫣向赵宇琪诉苦，表示自己在这家公司受到很多委屈，真想跳槽离开这里。赵宇琪先是安慰她几句，然后激动地说："其实，我早就不想在这里待了，不如我们一起跳槽吧。"真是患难见真情啊，邵嫣极其感动，立刻表示赞同。

哪料想，两天后邵嫣在工作上又出现失误，又遭到主编的批评。这次，邵嫣不再沉默，与主编针锋相对，大吵起来。愤怒之下，她脱口而出："整天在这里受气，早就不想干了，现在就辞职，赵宇琪也会跟我一起离开。"说完，摔门而去。

邵嫣的话，让主编大感意外，主编稍稍平复一下心情，马上把赵宇琪找来谈话。赵宇琪一听主编找自己，顿时头皮发麻，知道"祸患"降临。实际上，她在这里工作还算不错，并非真想离开，只是当时被邵嫣的情绪感染，才冲动之下，说出与邵嫣一起跳槽的话。

最终，两人都被辞退，很长一段时间里，邵嫣和赵宇琪都没找到合适的工作。

当邵嫣向赵宇琪诉苦，提到想要辞职，对邵嫣而言，仅仅是一个想法，自己并没有下定决心要离开，对赵宇琪而言，与邵嫣一起离开这里，是她给邵嫣的建议，也就等于给邵嫣吃下一颗定心丸，坚定了邵嫣离开这里的想法。接下来，随着事情的发生，两人双双离开。在这个故事里，邵嫣和赵宇琪都是建议的受害者。由此可见，给人提建议，有时真是害人害己。

在为人处世中，当对方诉苦时，有修养懂说话分寸的人，不会轻易开口给对方提建议。从心理学的角度而言，女人诉苦，为了寻求理解；男人诉苦，为了寻求解决之道。为人处世中，许多人在面对他人诉苦时，总会给出种种建议。事后，对方会对你的建议进行否定，甚至揣度你没安好心。实际情况是，他人诉苦，是想拉你做同盟，让你感同身受，当情绪发泄完后，就会回到理性状态之中。因此，当你身边的人向你诉苦时，管好自己的嘴，只要表示理解和支持就可以了，多余的话或建议，尽量不要讲。

说话咄咄逼人，等同于激化矛盾

在为人处世中，一些看似能言善辩的人，为了展示自己的口才，常常在与他人交谈时咄咄逼人，带有明显的挑衅意味。他们目中无人，不懂得说话的分寸，喜欢争强好胜。正如卡耐基所言："你可能赢得争论，但却为此失去朋友。"带有攻击性的语言，无论在任何情况下，都会让人感到不舒服，不仅破坏正常、开放式的交流，还会引发矛盾。

公共汽车上人满为患，一位小伙子不慎踩到旁边一位老大爷的脚。小伙子立刻说道："抱歉！"哪知，这位老大爷性情暴躁，说："年轻人，你不是没看到，你分明是在欺负我这个上年纪的人吧。"

老大爷的话极其刺耳，小伙子将抱歉变成反击，说道："人这么多，我怎能会看到您的脚呢？怎能会欺负您呢？"

小伙子此言，等于火上浇油，老大爷听后，说："现在的年轻人一个个都不学好，看你一身的装扮和发型，就不像什么好人。"

小伙子顿时怒了，说："这么大年纪，说话注意点儿，踩您的脚，已经向您道歉了，您还想怎么着……"

双方你一言、我一语，矛盾不断激化。幸亏乘客及时劝阻，才避免了更大的冲突。

老大爷就是典型的得理不饶人、咄咄逼人的主儿，原本一桩小事，小伙子也及时道歉了，但老大爷却不依不饶，导致矛盾不断激化。

为人处世中，谁都有失误或犯错的时候。当错了或失误了，自己已经意识到，会对失误或错误产生负罪感。若被侵犯的一方或受害者，不分场合、对象，理直气壮地进行谴责，会让对方很难堪。和谐之道、宽以待人，是中国传统文化的重要组成部分。得饶人处且饶人，是一种美德和品格。有修养懂说话分寸的人指出，与人相处时，出现矛盾后，即便理在己方，也要尽量避免过度指责和数落。

有位老人，闲来无事，去逛花鸟市场，不小心把商贩的花盆碰倒摔碎了。老人见状，急忙道歉，并表示愿意赔偿那个摔坏的花盆，说着把手伸进口袋，这才发现自己出门时忘了带钱。

商贩以为老人故意找托词，不想赔钱，就喋喋不休地说，花盆值多少钱。实际上，最多也就值10元钱。

老人没办法，只好说："值多少钱，我都愿意赔。关键是，我现在没有带钱，我回去给你取钱送来，或你让人随我回去拿钱。"

商贩不依不饶，不放老人离开，还催促老人摸其他口袋是否有钱。老人将口袋翻个底朝天，确实身无分文，商贩依然不相信，口口声声说："出门不带钱，谁信呢？"

老人再三解释，反复强调，"不会骗你"。无论他如何解释，商贩就是不信，非让老人拿出身份证压在这里。不巧的是，老人的身份证也没带。"没钱赔，又没身份证，你走了，我去找谁赔呀！"商贩揪着老人，不让他走。

围观的人越来越多，大家议论纷纷。老人从未受过如此委屈，觉得在众人面前很没面子，一时情绪激动，心脏病突发，当场倒在地上，不治而亡。

为了一个10元钱的花盆，赔上一位老人的性命，后悔又有何用？商贩若不斤斤计较，宽容老人，悲剧就不会发生。在为人处世中，只要不触及个人底线，吃亏也好，上当也罢，没有必要争个谁高谁低、谁对谁错。你尊重对方，对方自然会尊重你；你存心让对方难堪，表面你赢了，对方心里肯定不服气，也注定你为自己的人际关系埋下隐患。所以，无论任何时候，无论与谁交流，说话一定要讲究分寸，咄咄逼人，早晚要吞下自己酿造的苦酒。

当矛盾出现后，最有效的方式则是使用调侃、幽默的言语，浇灭对方心头的怒火。

有一天，丈夫彻夜未归，第二天清晨才悄悄溜进家门，妻子埋怨几句。两人你一言我一语，发生口角。妻子不想激化矛盾，影响夫妻感情，便说："懒得跟你啰唆，男人夜不归宿，有千万个理由，不过我要提醒你：熟悉的地方还是有风景的！"

听到妻子的话，丈夫的口气顿时软了下来，忙向妻子赔礼道歉，保证以后不再发生类似的事情。

这位妻子驭夫有方，说话有分寸，尽管她占理，也没有纠缠不休、咄咄逼人，而是用调侃的方式，将矛盾化解，同时又让丈夫认识到了错误。

《增广贤文》上说："饶人不是痴汉，痴汉不会饶人。"告诫我们，当矛盾出现时，占理的一方具有"得饶人处且饶人"的风度，若要得理不饶人，将对方逼入死胡同，不仅不能让对方心服口服，还会激起更大的矛盾。

"饶人"讲究语言的艺术和说话的分寸，在不伤及双方面子和尊严的情况下，做出妥协或让步。"饶人"有时是一种吃亏的表现，不过没关系，“得饶人处且饶人”，正是为自己留下后路。因此，与人交流时，一定要把握好说话的分寸，该饶人时不要咄咄逼人，才能在为人处世中得到大家的认可和信赖。

不要轻易插嘴，既是尊重也是涵养

在为人处世中，随意打断他人说话是一种不礼貌的行为，通常被称为“插嘴”。插嘴不仅让说话者反感，也让其他听者不愉快。然而，许多人并未意识到插嘴的负面影响，仍然习惯性地打断他人说话。

刘云去年从南方的一所知名大学毕业，怀揣梦想来到北京，希望在这里开创自己的事业。经过一个多月的努力，他终于在一家软件公司找到一份理想的工作。为了珍惜这个机会，他全力以赴，工作非常积极，甚至在某些时候显得有些过于积极。

每当部门开例会，经理鼓励大家发言时，刘云总是第一个站出来，并且讲得特别多，不停地分享自己在工作中的新想法和如何努力等。他一个人滔滔不绝，说得不亦乐乎，根本不在乎其他同事是否有机会发言。结果，每次例会发言的时间几乎都被他用完，这让其他同事非常不满。尤其是刘云的主管孟凡，对此特别反感。

不仅如此，刘云还有一个令人难以忍受的习惯，就是在别人说话时频繁插嘴。无论是在例会上还是日常讨论中，突然插入自己的观点。刚开始时，同事出于情面，忍一忍也就算了；次数多了，有些人实在忍不下去，当场与他翻脸。即便这样，刘云依然不知收敛，不肯闭上嘴巴。

在一次例会上，主管孟凡正在安排工作，刘云的老毛病又犯了，令孟凡相当尴尬。最终，孟凡忍无可忍地说道：“好了，小刘，你说吧，等你说完后，我再进行工作安排。”

主管生气了，刘云这才意识到问题的严重性，他连忙闭上了嘴。

有了这次教训，同事本以为他会改掉插嘴的坏习惯。然而，没过多久，他的嘴又闲不住了，又开始频繁地进行插嘴。每当同事聊天或谈论工作时，只要他一插嘴，同事便闭口不言，或主动躲开他。显然，刘云因爱插嘴，被同事孤立了。无奈之下，他只能选择离职，因为没有同事再愿意与他说话。

确实，像刘云这样的人无论到哪里都不太受欢迎。没有人愿意在说话时被别人频繁打断，经常打断别人说话肯定非常令人生厌。

有修养懂说话分寸的人指出，不打断别人说话既是一种耐心，也是一种尊重，体现出对他人的尊重，也是对自己的尊重。这种行为不仅是修养，更是一种美德和交际艺术。在你发言之前，听完别人所说的话，展现出你的风度，表现出对他人的理解与宽容。

粗鲁地打断别人说话无疑会影响你对他人观点的理解。每个人的认知都有局限性，而通过倾听，能够获取更多有用的信息和自己先前所未掌握的知识。只要避免打断他人，并以欣赏的态度去倾听，把别人的发言视为学习的机会，你就会发现他们的闪光点，从中获得启发和感悟。

随意插嘴是一种不礼貌的行为，如果确实需要打断他人，表达自己的观点或想法时，该如何把握插嘴的分寸呢？可以参考以下几点建议：

1. 开口要礼貌

作为局外人，当很多人在一起交谈时，你需要与其中的某位交流者单独处理一些事情，你可以用一些小动作暗示对方，对方收到你的暗示信息后，通常会找机会与你交流。或者你走上前，说：“抱歉，打扰一下各位，有点急事需要和某某先生进行沟通，希望大家能理解。”你这样插嘴，交谈者能够接受，不会认为你不懂礼貌。

如果你想加入他们的谈话，可以选择一个合适的时机，礼貌地询问：“抱歉，我可以加入你们的谈话吗？”或者友好地打个招呼，让你的朋友或同事帮忙进行介绍，这样能更快地融入其中。

2. 中途插话

在交谈过程中，如果你想补充对方的谈话或联想到相关情况，可以礼貌地说“让我插一句”或“请允许我补充一下”，然后表达自己的看法。这样的插话不宜过多，以免打乱对方的思路。

3. 表达态度时，暂不多说话

如果你不同意对方的观点，一般也不要打断他的讲话。若你们比较熟悉，或者问题十分严重，可以先表示一下态度，应该这样说：“我有些看法，等你讲完后，我再详细阐述。”说完，向对方做继续的手势，并说：“您请！”不过要注意的是，即使分歧再大，也绝不能恶语伤人或出言不逊。就算和对方发生争吵，也不能斥责、讥讽或辱骂对方，最后要友好地握手告别。

玩笑不可过度，要适可而止

古代有位名叫魏鹏举的年轻人，年方十八，便中举成名，可谓意气风发、风光无限。不久后，又迎娶了一位美丽的妻子。

婚后仅一个月，魏鹏举便不得不离开妻子，前往京城参加考试。临别之际，妻子满怀不舍地对他说："相公，出门在外别忘了想我。考试成败都不重要，重要的是你能早日归来，免得我在家里惦记你。"

魏鹏举潇洒一笑，说道："'功名'二字，早已在我掌握之中。放心吧，你等着看我的表现。"于是，他启程前往京城参加考试。果然，魏鹏举一举成名，荣登榜眼。年少得志的他喜不自禁，立即写信回家，接妻子入京团聚。

魏鹏举在书信中先叙述了在京城的基本情况和自己取得的功名，最后开玩笑地写道："我在京中无人照料，已经纳妾，恭候夫人到来，共享荣华。"

魏夫人收到信后，打开一看，心中不禁有些气愤，怒道："相公真是个负心汉，刚考得功名，就已经纳妾了，实在太可气了！"

送信的人说道："怎么可能呢？这根本不是真的，我在京城待了这么久，根本没见过公子纳妾。夫人，这大概是公子在开玩笑，等您到了京城，就会明白事情的真相了。"

魏夫人听了那人的话，心中稍感宽慰，便说道："这才是我所希望的，不枉我一直挂念他。"放下怨怼后，她渴望尽快见到丈夫。于是，魏夫人急忙收拾行李，准备前往京城。由于行李过多，路途遥远，短时间内到不了，她只好先托人给丈夫送一封信，以报平安。

魏鹏举在京城收到信，上面写着："听说你在京城纳妾，我在家里也嫁了一个小相公，不久之后我会和他一起到京城与你相见！"

魏鹏举读完信后，不禁大笑。这时，一位刚中进士的同学来访，看到那封信后立刻抢过来，朗声念了出来。魏鹏举一时措手不及，脸顿时红了，急忙说道："那不过是玩笑话，真的没有这回事。"

那位同学笑着说道："这样的事可不能开玩笑！"没多久，关于这位榜眼的有趣家书便在京城传开了。此时，有人对他心存嫉妒，便上奏说道："榜眼虽有才华，因年少未修好德行，不懂得自律，不适合担任朝中的重要官职，最好去地方任职，多历练历练。"

本有机会进翰林院的魏鹏举，就这样被"下放"了。一句玩笑话，耽误了他的大好前程。由此可见，玩笑虽有趣，但若使用不恰当，往往会带来麻烦。

在与人交谈的过程中，得体的玩笑犹如润滑剂，可以活跃气氛，创造出一种轻松愉快的交谈氛围。可以说，会开玩笑的人才能受到他人的喜爱与欢迎；不懂得如何开玩笑的人，只能给对方增加不快，而自己的形象也会因此大打折扣。

那么，在开玩笑时，该如何把握好分寸呢？可以参考以下几点建议：

1. 内容要得体

交谈过程中，开玩笑是一门学问。开玩笑，简单地说就是利用幽默的语言，有技巧地进行思想和情感的交流。玩笑的材料取决于开玩笑者的文化修养和思想境界。内容健康、格调高雅的玩笑，不但可以启迪对方，还可以给对方带来精神上的享受，与此同时，也能够在对方心里树立起自己美好的形象。如果开玩笑时说的是污言秽语，不仅使语言环境变得一片乌烟瘴气，对于听者也是一种侮辱和不尊重的行为，同时也说明自己情趣低俗、文化修养差。

2. 态度要得体

交谈如果在一种相对轻松的环境下进行，与人为善就是开玩笑的基本原则。开玩笑的过程，也是情感相互交流的过程。如果借着开玩笑对别人冷嘲热讽，发泄内心的厌恶、不满的情绪，甚至拿取笑他人寻开心，那么只有傻瓜才无法识破。也许有些人不如你伶牙俐齿，表面上你占了上风，但其他人会认为你不够尊重他人，从而不愿与你交往。这样一来，你将会失去更多的朋友。

3. 行为要得体

很多时候，开玩笑时的肢体动作和行为也要注意，千万不能过火。小王和小李是多年的好友，但有一次的玩笑让两人闹得很不愉快。事情是这样的：那天，他们正在讨论一个设计方案，一个难题让两人都陷入了沉思之中。突然，小王发现问题的根源在于小李的疏忽，他统计错了一个数字。于是，小王随手拍了拍小李的脑门，说："你脑子怎么了？"这一下让小李非常生气，觉得这是不礼貌的举动，立刻和小王翻了脸。

4. 开玩笑时要区分对象

人因身份、性格、心情的不同，对玩笑的承受能力也不同。同样一个玩笑，能对甲开，不一定就能对乙开。一般来说，后辈不宜同前辈开玩笑，下级不宜同上级开玩笑，男性不宜同女性开玩笑。

在同辈人之间开玩笑，则要掌握对方的性格特征与当下的情绪。对方性格外向，能宽容忍耐，玩笑稍微过大也能得到谅解；对方性格内向，喜欢琢磨言外之意，开玩笑时就应慎重；对方尽管平时生性开朗，但恰好碰上不愉快或伤心事，就不能随便与之开玩笑；对方性格内向，但正好喜事临门，此时与他开个玩笑，效果会出乎意料地好。

5. 开玩笑要分清场合

开玩笑一定要分清场合，看这种场合是否可以开这种玩笑。一般来说，严肃的场合，言谈要庄重，不能开玩笑；而在喜庆的场合，则注意所开的玩笑能否给喜庆的环境增添喜悦的气氛，如果开的玩笑使人扫兴就不好了。总的来说，在庄重严肃的场合不宜开玩笑，否则极易引起误会。

调侃得体才受人欢迎

在为人处世中，没人能保证自己说出的话百分之百正确或富有感染力，一旦不小心说错了，通常需要采取补救措施。这种补救措施就是对自己进行一些善意的调侃，不仅可以转移对方的注意力，还能在无形中顾及对方的自尊心，从而缓和因言语失误而造成的紧张气氛。

新生入校的第一天晚上，宿舍里按照年龄排序。老五对老六说道："你是我们宿舍里年龄最小的，真是我们的宝贝，加上你又姓王，以后就叫你'疙瘩王'。"

老六脸上长了不少青春痘，听老五这么一说，以为他在讽刺自己，心里很不舒服。老五敏锐地注意到老六的表情变化，立刻意识到自己说错了话，赶紧对着镜子自嘲道："'蜷在两腮分，依在耳翼间，迷人全在一点点。'唉，老六，我的脸真是'一波未平，一波又起'啊！"老六听后，心情立刻好转，忍不住笑出声来。原来老五脸上长了很多雀斑。

故事中，老五的自我纠错能力十分高明。当他意识到自己无意中冒犯了老六后，立即进行自我调侃，并巧妙地引用诗句，点明自己有满脸雀斑的缺陷。"一波未平，一波又起"不仅是对自己雀斑的自嘲，也表达了他因无心之言而产生的自责。老六很快明白这一点，便不再生气。

由此可见，自我调侃能够营造出和谐的氛围，使自己活得轻松洒脱，同时也让他人感受到你在为人处世中的应变能力。

有修养懂说话分寸的人指出，自我调侃并不是自我贬低，而是一种沟通的技巧。掌握好分寸，就能在关键时刻帮自己解围，让自己和对方都摆脱尴尬。

那么，在与人交流的过程中，如何把握好既得体又幽默的调侃分寸呢？可以参考以下几点建议：

1. 以调侃对调侃

一个人不仅要能幽默地调侃他人，还要能欣然接受他人的幽默调侃。理解和接受他人的幽默对自己大有裨益，因为我们每个人都处在社会关系中。我们可以拿别人开心，别人自然也能拿我们开心，只有这样才能与他人共享欢笑。对于他人带来的幽默，我们可以用自己的幽默来回应，从而使双方更好地融入互动之中。

在一次施工爆破前，一位新闻记者半开玩笑地问工人："你们爆破时，产生的灰尘能把我的肺泡灌满，你们可要对我的健康负责呀。"工人幽默地回答道："你放心，不会钻入你的肺泡。我们定制了一个特大塑料袋，用直升机把它吊在楼顶上空，当巨响发生的那一刻，及时把它扔下来。特大塑料袋就会把碎石和灰尘全部罩住。"记者听后和工人一起哈哈大笑，气氛顿时融洽起来。

2. 把笑话和动作结合起来

在运用调侃时，可以将故作蠢言与故作蠢行巧妙结合。

一次聚会上，卓别林拿起苍蝇拍，试图拍打一只在他头顶上飞舞的苍蝇，几次都没能成功。没过多久，一只苍蝇停在他面前。卓别林举起苍蝇拍，正要给它致命一击，突然他停了下来，仔细观察后，将苍蝇拍放下了。人们好奇地问他为什么不打，卓别林耸耸肩说："这不是刚才的那只。"

这个举动和说法看似愚蠢，但卓别林的幽默正体现于此。他不仅摆脱了拍不到苍蝇的窘态，还赢得了大家对他机智与幽默才能的钦佩。这种"自我调侃"和"自我解脱"体现出一种放得下、拿得起的豁达精神。

自我调侃的幽默是一种情感，超越了实用性的原则。人们正是通过摆脱实用和理性的束缚，获得更深层次的精神富足。对于理性原则而言，越聪明越好；而在幽默的世界里，有时故意说一些蠢话或做一些笨事，反而更能展现心灵的丰富。

3.“大言不惭”的调侃术

自我调侃的方法在于将自身的缺点夸大到荒谬的程度，甚至在明明很聪明的情况下，故意表现得缺乏基本常识，说出一些显而易见的蠢话，从而反衬自己在智慧、教养和道德上高人一筹。故作大言与故作蠢言一样，属于自我调侃的幽默法则之列。因此，在运用调侃时，不仅可以通过故作蠢言进行自我调侃，也可以利用故作大言来达到同样的效果。

杰克从文化宫出来，正好遇到女友。女友问他：“你玩得怎么样？”

“非常开心！”杰克兴奋地回答，语气中带着几分得意，“我打了网球，还下了国际象棋，我不仅赢了著名的国际象棋冠军，还赢了著名的网球冠军！”

“你打网球和下国际象棋都这么厉害吗？”女友问道。

杰克回答道：“我和网球冠军下国际象棋，赢了他；又和国际象棋冠军打了网球，我也赢了他。”

杰克采用的就是故作大言的幽默方式，回应女友的提问。故作大言的幽默，实际上是最容易成功的一种幽默方式。

4. 调侃别人时要适可而止

据说明朝有位叫陈全的人，一次误入皇家禁地，被一个太监抓住。太监说：“听说你很会讲笑话，对我说一个字，要是能把我逗笑，我就放你。”陈全想了想，回答了一个“屁”字。太监不解，便问他这是什么意思。陈全解释道：“放也由公公，不放也由公公。”太监听后哈哈大笑，连连说：“放了！放了！”

陈全的一个“屁”字，而引出的“放”字，既有“放屁”又有“放人”的双重意思，他借此调侃，达到了被太监放走的目的。

调侃具有很强的刺激作用，类似于“橡皮榔头”打人，表面上没有造成伤害，却能致人内伤。在运用调侃术调侃他人时，应当谨慎，把握好分寸和尺度。

5. 审时度势，相机行事

一位大学生走进一家报社，问道：“请问你们这里需要编辑吗？”

对方回答道：“我们不需要。”

大学生问：“那记者呢？”

对方回答道：“也不需要。”

大学生问：“那么你们需要印刷工人吗？”

对方回答道：“我们也不需要，目前没有职位空缺。”

大学生说：“那你们一定需要这个。”说完，大学生拿出一个制作精美的标牌，上面写着：“本社满员，暂不录用。”

这个富有创意的对话让大学生备受青睐，他被录用了。由此可见，幽默不仅能激发创造力，还能帮助我们更为灵活地解决困难。

调侃具有一定的表达功能和强烈的幽默感，也有明显的局限性，它仅是一种辅助性的表达方式，不宜随意滥用。例如，在某些对话答辩、座谈讨论或调查访问等场合，就不适合使用调侃，而应该坦率、诚实地表达自己的观点和情况。如果不考虑场合和时机，随意运用调侃，可能会适得其反，引起他人的反感。

切莫口无遮拦，避免刺伤他人

俗话说：“说者无心，听者有意。”口无遮拦的人常常在不经意间伤害到他人。这类人心直口快，容易忽视他人的感受，往往让人厌烦。时间一长，他们就会被疏远，变成不受欢迎的人。

对于渴望拥有精彩人生的我们来说，说话时一定要把握好分寸，千万不要口无遮拦，避免落得被人疏远的境地。也就是说，在说出每句话之前，一定要深思熟虑，考虑这样说可能带来什么样的影响。

三国名将关羽，过五关、斩六将、温酒斩华雄、匹马斩颜良、偏师擒于禁、擂鼓三通斩蔡阳，曾自信地说："百万军中取上将首级，如探囊取物耳。"他自认为"威震华夏，天下无敌"。刘备自立为汉中王后，封关羽、张飞、赵云、马超和黄忠为"五虎上将"，关羽居首。当关羽得知黄忠也被列为"五虎上将"之一时，心中大为不满，怒道："黄忠何等人，敢与吾同列，大丈夫终不与老卒为伍！"

关羽驻守荆州期间，孙权派诸葛瑾前来求亲，希望与关羽的女儿联姻，以此巩固两家的政治联盟，并共同对抗曹操。这本是一桩好事，历史上也有许多这样的先例。然而，关羽却勃然大怒，回应道："吾虎女安肯嫁犬子乎？"

不愿嫁就不嫁，为什么要如此伤人？试想这番话传到孙权那里，孙权如何承受得了？这无疑会加剧双方的紧张关系，导致关系的破裂。关羽的傲慢和目中无人使他的言语如利刃般刺痛每一位愿与他交好的人，这也为他的悲剧埋下伏笔，最终出现失荆州、走麦城以及人头落地的下场。

从前有位樵夫，在山上砍柴时救了一只小熊。母熊得知后，感激不已。一天，母熊准备了一顿丰盛的晚宴答谢樵夫，并留下樵夫在家过夜。

第二天早上，樵夫准备离开，母熊问他："您在这里住得还满意吗？"

樵夫口无遮拦，说："你招待得很好，我非常满意，不过有一点让我不太舒服，就是你身上有一股难闻的气味，整个房间里都能闻到。"

母熊听后很不高兴，但还是说："为了补偿您，您砍我一刀吧，这样我心里才会好受一些。"

樵夫听后，便真的砍了母熊一刀。

多年后，樵夫在山上砍柴时，偶然遇见母熊。他问："你身上的伤口愈合了吗？"

母熊回答："身上的伤痕很快就愈合了，心里的伤却永远难以释怀。你那次说的话，我一辈子都不会忘记。"

确实，语言上的伤害有时是最深刻、最难以忘怀的。樵夫口无遮拦，给母熊带来极大的心理创伤。身体的伤痕可以愈合，心灵的创伤却难以愈合。因此，有修养懂说话分寸的人指出，在说话时要注意言辞，避免无意中伤他人。口无遮拦、毫无顾忌的话语不仅伤害他人，也招致敌意，无形中为自己树敌。如此一来，又怎能在社会上立足呢？

沈彤是位办公室文员，平时不太爱说话。要是有人就某件事情向她征求意见，她总是直言不讳，所说的话总是很伤人，令对方很不舒服。

一次，部门一位同事买了件新衣服，大家都称赞新衣服好看、漂亮。可是当问到沈彤时，她却直言道："这件衣服确实很漂亮，但你穿上却不太合适，整体看上去有些臃肿，而且这个颜色，与你不搭……总的来说，不太适合你。"

这话一出口，原本兴致勃勃的同事立刻愣住了，周围称赞衣服好看的人也感到很尴尬。沈彤所说的正是大家不愿意直言的"真话"。虽然有时她也会为自己的直言感到后悔，但总是忍不住说出那些让人难以接受的真实想法。渐渐地，同事们将她排除在集体之外，任何活动都不愿邀请她参加，她成了办公室的“外人”。

由此可见，为人处世中要想拥有良好的人际关系，掌握说话的分寸非常重要。我们需要明白，有些话可以直说，有些话不宜直接表达；在某些人面前，可以坦率无忌，但在另一些人面前，需要谨慎。不懂得这些忌讳，就很容易伤害到他人。为人处世中许多不愉快的事情往往缘于口无遮拦，在说话之前，一定要把握好分寸，才能说出让人听着舒服的话，从而赢得他人的好感。

第九章

认知：拒绝对了，既不精神内耗又不伤和气

在交流过程中，若对方提出不合理要求或违背我们个人意愿，这时就需要拒绝对方。拒绝不是简单地说“不”，而是一门语言艺术，因此在拒绝他人时要把握好分寸，才不会让对方尴尬。事实上，巧妙说“不”，是智慧的体现，可以为自己减少许多不必要的麻烦。

不让对方失去面子，不一定都是好事

在为人处世中，拒绝他人的原因往往与自己的面子有关。不过，有些人无法拒绝别人，是出于对他人面子的考虑。这类人担心自己的拒绝会让对方感到尴尬，从而影响彼此的关系和情感。因此，他们宁愿忍耐，也不愿意让对方失去面子。

被拒绝对任何人来说都不是一件愉快的事情，尤其是在众人注视之下被拒绝，即使周围的人并不觉得有什么问题，但对当事人来说，往往是一种尴尬的经历。因此，许多“好好先生”和“好好小姐”出于对他人情感的顾虑，选择放弃说“不”的权利，认为这样才能维护双方的友好关系。实际上，有时候，适当的拒绝反而能更好地尊重对方，促进更真实的交流。

李梅和张雪关系非常密切，不仅是大学同学，还在同一家公司的同一个部门一起工作了三年。平时，只要有空，她们就会一起吃饭、逛街，成为公司里令人羡慕的“姐妹花”。

公司决定从她们部门中选拔一名年轻员工送往国外深造，李梅和张雪都被部门经理推荐。经过一系列的考核，张雪脱颖而出，获得一个月后前往法国巴黎学习设计的机会。李梅深知，张雪能获得这个机会，离不开平时的努力。这一年里，张雪一直利用业余时间学习法语。看到张雪有机会追逐自己热爱的设计事业，李梅真心为她感到高兴。

张雪前往巴黎前的一个星期，决定在家里举办一次聚会，邀请公司的不少同事和一些大学时期的好友，李梅自然是第一位被邀请的人。当张雪告诉她这个消息时，李梅心里有些为难，因为聚会那天她已经有了重要的安排——参加一场相亲活动，对方名叫萧明，比她大三岁，长得帅气，事业成功，还是时尚界的精英，各方面都符合她理想伴侣的标准。为了在第一次见面时给萧明留下好印象，李梅特意花了半个月的工资买了一条漂亮的裙子，还努力补充了不少时尚方面的知识。

李梅想拒绝张雪的邀请，话到嘴边又咽了回去。她突然意识到，自己不参加这次聚会，张雪可能会觉得她是在因为没能获得去法国学习的机会而感到失落。再者，她们做了这么多年的朋友，不去捧场，似乎显得太不给面子。

经过反复权衡，李梅最终答应张雪的邀约，放弃期待已久的约会。为此，她挨了母亲一顿训斥，还不得不打电话向萧明解释并道歉。

聚会那天，大家都玩得很开心，唯有李梅心不在焉，满脑子都是相亲的事情："萧明会不会生我气？他在现实中会不会和照片一样帅？如果我今天去了，我们会不会自然而然地开始交往呢……"

李梅心不在焉和沉默寡言的表现让张雪有些不安。最近，张雪一直忙于出国的事务，没能和李梅聊到相亲的事情，所以她并不知道李梅心里在想什么，只觉得她似乎不太情愿参加这场聚会。

当李梅再次把酒洒到旁边人的身上时，张雪不满地问："李梅，你到底什么意思？你是我最好的朋友，在我最开心的时候，你却这么不给我面子！你要是对公司让我出国感到不满，为什么一开始还表现得那么高兴？我怎么没发现，原来你一直都这么虚伪！"

起初，李梅心里还有些内疚，但在张雪的严厉指责下，她也怒了。为了这次聚会，她放弃期待已久的约会，如今却被好友质疑，而且还是在这么多人面前。结果，她们争吵起来，聚会也因此不欢而散。此后，两人的友谊破裂，再也无法回到以前了。

为了表示对朋友的尊重，李梅放弃约会的机会，甚至可能因此错失一段美好的爱情。然而，结果却与她的期望背道而驰，她的放弃不仅没有换来张雪的快乐和感动，反而让张雪觉得自己不被重视。

要是李梅在一开始就真诚地告诉张雪自己有一个特别重要的约会，无法参加聚会，相信张雪非但不生气，还会为她感到高兴。这样一来，她们的关系不会因为李梅的拒绝而变得尴尬，反而因为彼此的理解和关心而变得更加密切。

有时在与他人交谈时，遇到某些请求或委托，尽管我们选择接受，但如果内心不情愿，可能会产生抱怨和消极情绪。如果对方察觉到我们的不愉快，也会对我们产生看法。其实，这种不愉快的表现有时比直接拒绝更令人难以接受。因此，适当的拒绝也是对他人的一种尊重。对于自己无法或不愿意做的事情，及时清楚地说出“不”是最好的选择。

低声细语说重话，让对方有压迫感

在日常生活中，总会遇到一些人，他们常常陷入一些事情中无法自拔，反复向我们倾诉和求助，此后该怎么着还怎么着。遇到这样的人，无论是善意的劝解、委婉的点拨，还是诚恳的劝说，都无济于事。在这种情况下，可以选择“低声细语说重话”，用柔和的语调进行直言不讳的拒绝，真正刺痛他们的内心，也就是说，在拒绝对方求助的同时，也是给他们一个反思的机会，让他们意识到自己的问题。

吴悦是某个社交平台上的情感博主，与粉丝连麦时，她经常采用“轻声细语说重话”的方式，拒绝对方继续唠叨下去。

一次，一位女士连麦吴悦，诉说自己不幸的情感经历。还没等她说完，吴悦便温柔地打断了她，告诉她：“我们的节目时间有限，暂时只能让你说到这里，之前的道理也都说过了，你要认真思考。”说完，吴悦果断挂断她的连线，接了一位粉丝的连麦。

又有一次，吴悦对一位粉丝说道：“我不再多说了，你自己回想一下经历的那些不幸，我的话你一句也没听进去。对方不在意你，是你纵容的结果，是时候好好反省一下了。”

吴悦拒绝耐心劝导粉丝的现象屡见不鲜。要是你恰好也在直播间，听到吴悦这样说，可能也会感觉不爽，认为倾诉者本就不幸，她再这样说，倾诉者可能会更加难受。不过，从另一个角度看，吴悦这样做也是有其理由的。作为情感博主，吴悦清晰地认识到这些倾诉者的现状——被各自的痛苦经历困扰，陷入其中无法自拔，根本听不进去任何委婉的劝说。因此，需要对他们“当头一棒”，直接敲醒他们，让他们摆脱对痛苦的沉迷。吴悦的话语虽柔和，却严厉有分量，这种“低声细语说重话”的拒绝方式，用在他们身上尤为恰当。

还有一次，一位倾诉者连麦。吴悦听完后，对他进行劝导，两天后，他又连麦，一周后，他继续连麦。每次，吴悦都表现得很有耐心，希望他有所改正，而这位倾诉者似乎对吴悦的话，一句都没有听进去。原来，这位倾诉者每次都在倾诉同样的问题，他嗜酒成瘾，妻子对他极度失望。他连麦倾诉，就是表达对妻子的歉意和对自己的后悔。可一旦下麦，一旦遇到酒，他就把吴悦的话抛到脑后，继续犯同样的错误。

如此反反复复，吴悦对他不再客气。当他再次连上麦，絮叨完后，吴悦说：“以后，你不要再连麦了，你的事情我已听过多遍。关于你的问题，我已帮你分析过，给你提出合理化建议，可你根本就不听。我就是太有耐心了，每次你连上麦重复同样的烦恼，我一直在耐心劝导你，可你从来不认真对待我的建议。你非但不自我反省，还为自己找借口，甚至把责任推到妻子身上，你根本没有意识到自己的缺点——爱撒谎、爱欺骗、爱指责别人。现在，你什么都不要想，请听我说，如果你再这样喝下去，不仅妻子会离开你，还会严重危害到你的身体健康，在酒精的麻痹下，你会变成一个无药可救、彻底废掉的人。真不希望那一天会出现，要是你一直这样下去，那一天必然出现。”

吴悦见对方没有插话，接着说：“如果你还想拯救这个家庭、拯救自己，挽回妻子的心，就把我的警告当作良言，否则，后果很严重，你将行尸走肉般苟活于世。这么长时间了，你反复连麦，我给予你极大的尊重，多次劝导你，而你的现状无任何好转，可见你根本不尊重我的任何付出。如果再执迷不悟，不好意思，以后我将拒绝与你连麦。”

吴悦的一番直言批评竟然真的见效了，对方被她严厉的言辞训斥得心服口服。半年后，这个人又上麦，这次不是倾诉烦恼，而是向吴悦报喜。原来，吴悦“低声细语说重话”的方式，彻底敲醒了他，让他真正认识到嗜酒的害处。现在，夫妻关系缓和了许多，虽偶尔小酌，但无伤大雅。

很多时候，人们都觉得话说重了很可能会伤害到对方，尤其是在别人求助时，本来对方有难处，很烦恼，再重话拒绝，这样往往会显得无情、冷漠、刻薄。其实，事不尽然，我们要视情况而定，就像上面故事中的那些求助者，他们显然已经沉迷于一些事情之中，无法自拔，委婉温和的语言根本无法唤醒他们，这时我们就需要“低声细语说重话”。当我们语调柔和、语速和缓地讲话时，对方会觉得我们是善意的，是经过理性思考后再对其说话，给其建议，我们的言辞严厉、犀利、沉重，句句直击要害，让对方的头脑变得清醒，开始看到自己的问题所在，并积极配合解决问题。这就是“低声细语说重话”的效果。

如果想用重话拒绝别人，一定要在条件允许的情况下，不然你的直接和严厉会伤害对方的感情。在可以使用重话拒绝的时候，要坚决使用合适的语气、语调，这就是用重话拒绝的前提——低声细语，特别是当我们身在公共社交场合时，你的言行举止所代表的不只是你自己，还有你背后的组织和团体，因此，更要注意说话的语气和语调。

需要强调的是，想用重话去拒绝一个人的时候，除了要注意语气、语调的妥当外，还要肯定对方是一个“愿意挨骂”“挨得起骂”的人，唯有如此，你的拒绝才可能会触动他的内心。不然的话，还没等你把话说完，对方就会离去，结果便可想而知。

委婉拒绝，不让对方失去体面

快要下班时，同事把一摞文件从背后扔给你，希望你能帮忙整理；手中的工作还没完成，老板又把新的任务分配给你；周末本想好好休息，朋友却硬拉着你去逛街……

古龙曾说：“有人的地方就有江湖，人在江湖，身不由己。”在为人处世中，我们常常会碰到一些事情或要求，明明不想答应却又不知道该如何拒绝。那么，面对根本不愿做的事情，该如何委婉地拒绝他人，同时又不会伤害到对方呢？

作家王蒙曾直言：“一个人有没有水平，主要表现在说话上。”在拒绝他人时，如果态度过于干脆、语气强硬，往往会让对方难堪，而且，你也无法预知将来是否会有求于对方。

要是能用委婉的方式进行表达，哪怕最终的意思是拒绝，也会让对方更容易接受。因此，委婉的言辞不仅能减少冲突，还能为自己留下一条后路。

一位女演员参加一档电视访谈节目，回忆起多年前一位知名导演想拍一部电影，特意找上她，询问她是否愿意参演。这位女演员则问道："电影里有没有吻戏？"

那位知名导演点了点头。女演员委婉地说道："我只能做我自己，很难想象去演别人的生活。如果有一天我演电影，我希望能演我自己。"导演与她对视一笑，再也没有提起邀请她参演这部电影的事。

对于电影里有吻戏，女演员没有直接拒绝，而是通过"我只能做我自己……我希望能演我自己"这样委婉的方式，向导演表达出拒绝参演的意思。这样一来，既照顾到了导演的面子，又给自己找到一个理想的借口。要是她得知电影里有吻戏，张口即说："我演不了，你还是找别人吧。"一句话把导演顶回去，丝毫不给导演面子。导演表面上可能不会表现出不高兴，但心里会想："不就是一个女演员嘛，别人想演还没机会呢，你矫情个啥。"以后，导演要是再有合适的角色，也不会再找这位女演员了。

小羽是某艺术团的钢琴教师，经常参与各种大型文艺表演。有一次，她的朋友想观看一场演出，但没能买到票，于是想到了小羽。

这天，她约小羽出来，两人边喝咖啡边聊天。她带有目的性，很快就把想法告诉了小羽，说："我非常想去看这场演出，也很期待看你在舞台上弹奏钢琴，可惜票已经卖完了，你能不能帮我弄一张票？"

小羽手上没有多余的票，也不想在演出前为这事费心。不过面对好友的恳求，她不好拒绝，只能说："很遗憾，我这边没有票，不过我在大厅里有个座位，如果你愿意……"

小羽的朋友高兴极了，连忙说：“我愿意！我愿意！那个座位在哪儿？”

小羽慢慢地回答：“很好找，就在钢琴的后面。”

在这个故事中，小羽委婉地拒绝了好友的请求。有些事情我们可能碍于面子不好当场拒绝，不妨像小羽一样，先表面上答应对方，让他们感到被重视，然后再给出一个可以接受的理由。这样一来，对方会觉得你是认真对待他们的请求，即使最终被拒绝，也能理解你的处境。

小李在一家公司上班，平时积极向上，为人处世得体大方，受到同事的喜爱，领导也对他非常器重。

一天下班后，领导找到小李。开始时，两人只是聊一些工作上的事情，随后领导转变话题，开始谈论小李的个人感情，并表示想为他介绍一个对象。

小李目前并不想考虑个人感情方面的事情，面对领导的好意，不好直接拒绝。不过，这没难倒小李，他委婉且得体地回应道：“谢谢领导对我的关心，非常感激您的好意。我可能要辜负您的好意了，非常抱歉。结婚成家是每一个人一生中最重要的事情，就我目前而言，还不具备这个条件，无法承担起婚姻的重任，我曾立志：‘先做出一些成绩，有一定的经济基础，再考虑结婚成家，要是一事无成，要啥没啥，我就不恋爱成家。’人家姑娘即使啥也不图，我心里也不安呀，希望领导能够理解。我目前没有任何资本和能力，也暂不想考虑个人感情问题。这是我自身原因，与您介绍无关，希望您能理解我的心情，若有其他人说媒，我依然会坚持自己的想法。”

小李委婉地向领导表达出自己的想法，可谓情真意切，领导也听得清楚明白。这样一来，他不仅维护了领导的面子，还成功达到了拒绝的目的。

为人处世中，很难做到有求必应，每个人都不可避免地要拒绝他人的请求。“不”这个字，虽然写起来简单，但说起来却很困难。如果对方满脸笑容地向我们请求，我们却冷冷地说“不”，可能会让对方感到失落，从而伤害彼此的关系。当你理解对方的要求后，拒绝时的态度应委婉且明确，可以让对方感到被尊重。以这样的方式说“不”，通常比直接冷淡地拒绝更容易被接受。一般来说，对方听到你这样委婉地拒绝，往往会知难而退，寻求其他解决方案。

幽默拒绝，对方更容易接受

周六，李华正在家里享受难得的休闲时光，他窝在沙发里打算看一部老电影，就在这时，电话铃声响起，是他的好友小明。

“喂，李华！今天晚上有个聚会，你一定要来！”小明的声音充满了热情。

“聚会？我正在进行一项重要的研究，研究怎么在沙发上保持最佳舒适度。”李华哪里也不想去，又不想直接拒绝，便半开玩笑地说。

“研究？什么研究？”小明显然没有领会李华的幽默。

“就是关于沙发的科学，经过无数次实验，我发现躺在沙发上的角度对心理健康有极大影响。”李华继续逗他。

小明愣了一下，笑道：“这听起来很重要，但你不能总待在家里吧？聚会有很多好吃的，还有美女！”

“好吃的？我这儿有个方便面的研究项目，几乎每天都有新品尝试。”李华心里暗笑，继续坚持。

“方便面？我觉得你有必要走出家门，享受一下真正的美食。”小明努力劝说。

李华想了想，继续用幽默的方式进行拒绝：“小明，你知道吗？方便面是我和沙发的爱情结晶，离开它们我会心痛！”

“爱情结晶？你这是在说方便面还是沙发啊？”小明在电话那头忍俊不禁。

“当然是方便面！毕竟我们已经有了长达三年的‘感情’。”李华认真地回答。

小明笑得前仰后合：“行吧，我再也不敢打扰你的‘爱情生活’了，不过你不来会被大家骂的！”

“骂我？哼，我可是一个有勇气拒绝社交压力的人。”李华回答道。

“哦，原来你是勇敢的拒绝侠！那我也不打扰你了，不过下次一定要考虑一下，如果方便面和沙发的‘爱情’出现危机，记得告诉我！”小明戏谑地说。

“好的，等我进行深度研究后，再邀请你做我的‘心理顾问’。”李华笑着回应。

“哈哈，期待你的研究成果！”小明最后叮嘱一句，挂了电话。

李华心中暗自得意，不仅成功地拒绝了小明的邀请，还在这个过程中增添了不少欢乐。接下来，他安心地窝在沙发里，准备开始他的“研究”——电影和方便面的完美搭配。

在为人处世中，拒绝他人几乎是不可避免的，以幽默的方式进行拒绝，无疑是一种绝佳的武器。

幽默能有效地缓解紧张气氛。当你面对一个期望很高的请求时，简单且直接的拒绝往往会让对方感到失落和被伤害。但如果你能用幽默的方式表达拒绝，比如说：“抱歉，我今天的日程已经被我的沙发和零食占满了，我要全心投入这场伟大的宅家战斗！”这样的表述既轻松又幽默，不仅能让对方感到被尊重，还能让拒绝变得更为温和。此外，幽默还能帮助我们保持良好的关系。拒绝可能会让人感到生疏和尴尬，但幽默可以消除这种隔阂。想象一下，当你的好友要求你陪他去参加一场盛大的聚会，而你实在无暇分身时，你可以调侃地说：“我必须给我的植物浇水，毕竟它们对我说过，太久不见会很想念我。”这样的幽默回答不仅可以轻松拒绝，还能让对方明白你并不是在故意疏远他。

在这个快节奏的社会中，学会用幽默的方式拒绝他人，不仅能够保护自己的时间和精力，也能让你在纷扰的人际关系中游刃有余。幽默是一种智慧，它能让我们在拒绝中展现温度，让我们在坚定中保持柔软。

那么，在与人交流时，如何把握好幽默拒绝的分寸呢？可以参考以下几点建议：

1. 了解对方的情境和性格

在拒绝之前，首先要充分了解对方的性格和当下的情境。不同的人对幽默的接受程度不同，有些人可能乐于轻松应对，而有些人则可能在严肃的场合中更为敏感。因此，在使用幽默拒绝前，先了解对方的情绪状态与场合氛围。

2. 保持尊重与诚恳

幽默拒绝并不意味着要嘲弄或轻视对方。相反，尊重和诚恳是成功的关键。在拒绝时，可以用幽默的方式表达自己的感受，同时保持对对方请求的重视。例如，当朋友邀请你参加一项活动时，你可以说：“哎呀！我的日程表像一场音乐会，乐器都已经排满了，只能为这次活动留个空白。”这样不仅表达了你的拒绝，还通过幽默传达了对朋友的尊重。

3. 用积极的语言

在拒绝时，尽量选择积极的、乐观的语言，避免使用消极或绝对的词汇，这样可以减少拒绝带来的负面情绪。比如，当有人请求你帮忙时，可以这样说："虽然我很想帮忙，但我的时间表已经被小鸟们占满了，它们需要我的关注。"这种幽默表达了拒绝，同时展现出你对生活的热爱。

4. 适时给予解释

有时，简短的解释可以让幽默拒绝更具理解性。在拒绝之前或之后，给出合理的理由，可以让对方更容易接受。例如："我真的很想去，可惜我身体的每一个细胞都很疲惫，它们最近对我频繁社交表示强烈不满。"这样的说法既幽默又传达了你无法参与的原因。

5. 观察对方的反应

在幽默拒绝后，留意对方的反应。如果对方表现出困惑或不快，就要及时调整自己的语气和态度，转向更直接但仍然温和的拒绝，你可以说："如果你觉得我拒绝得有点突然，我真的很抱歉，我只是想轻松一点。"

点到为止，别让对方太"不好意思"

为人处世中，当遇到违背自己原则的事情、并非自己的兴趣和爱好，以及那些与自己价值观相悖的观念时，往往会让我们陷入关系网的陷阱之中，使自己的人格、尊严、品德受到损害。在这样的情况下，需要使用拒绝的武器来保护自己。

有修养懂说话分寸的人认为，在拒绝他人时，一定要给对方留出退路，让对方有个台阶下。换句话说，在拒绝时应做到点到为止，不要把拒绝说得太绝。对于那些并非完全无理的要求，不必一概否定或断然拒绝，尤其是在自己无法做出最终决定时，更要措辞谨慎，说话有分寸，以便让对方理解并接受。

杨老师在一所高校的中文系已任教20年，中文系最近进行教师职称评选。作为资深教师，杨老师却没有评上，心中难免有些不满，他决定再努力一次。在评定结果公布前，他去拜访张校长，希望了解具体情况，并借此机会向张校长倾诉自己的苦衷，以争取评上职称。

到了校长家后，张校长热情地接待了杨老师。两人刚入座，杨老师便开门见山地问道："张校长，我想知道这次职称评定我还有希望吗？"

张校长并未立即回答，而是递给杨老师一杯茶，微笑着说："先喝杯茶吧，最近您的身体还好吗？"

杨老师听后，只好接过茶杯，暂时压下内心的焦虑，随口应道："身体还行，没什么大碍，就是腿脚远不如从前了。"

张校长接着说道："这就好。现在你们这些资深教师可是学校的宝贵财富，年轻教师还需要你们的指导和帮助呢！"

杨老师听到张校长的话，心中泛起一丝希望，急忙回应："作为一名资深教师，我会尽力支持年轻教师，但不知道我能否……"

张校长早已察觉到杨老师来访的目的，说："不论这次评选结果如何，学校都离不开像您这样的资深教师。您教学经验丰富，教育方法得当，学生的反馈也很好。我认为，对于一名教师来说，这一点比其他任何东西都重要，您觉得呢？"

杨老师显得很无奈，叹了一口气，回答道："是啊。"

张校长见杨老师叹气，接着说道："这是你们中文系首次进行评审，历史遗留问题比较多，竞争异常激烈，有些教师这次可能难以如愿，需要等到下一次。我敢保证，这只是个时间问题，相信大家都能理解。不过，无论如何，我们会尊重并公正地评价每一位教师的付出，尤其是你们这些辛勤耕耘了几十年的资深教师！”

杨老师听完张校长的话，明白了他的用意，心中不由得生出敬畏之情，同时也非常感激张校长，让他避免了尴尬的局面。杨老师点了点头，不再对职称评定多说一句话，他话题一转，聊些其他事情后，便找借口起身告辞，离开了张校长的家。

在这个例子中，张校长对杨老师表现出充分的尊重，认可资深教师的贡献，尽管拒绝了杨老师，但点到为止的拒绝方式，让杨老师心服口服。

在点到为止拒绝他人时，还可以引用名人名言、俗语或谚语来表达自己的观点。这种方式的好处显而易见，不仅增加言辞的权威性和明确性，减少过多的解释和说明，还能起到点到为止的作用。这种做法能给对方留足面子，增强他们的信服感，有效地实现自己的目的。

那么，在与他人交流的过程中，拒绝对方又不让对方感到尴尬，该如何把握好点到为止的分寸呢？可以参考以下几点建议：

1. 倾听和理解

在拒绝之前，首先要倾听对方的请求。认真听取对方的需求能够让他们感受到被重视，同时能帮助你更好地判断如何拒绝。当你表现出关注和理解时，拒绝的语气会显得更加温和。例如，在对方提出请求时，你可以先说：“我明白这对你来说很重要。”这样的回应不仅让对方感受到你的理解，也为后续的拒绝打下良好的基础。

2. 提供合理的理由

点到为止虽然很重要，但在适当的情况下，提供一个合理的理由可以增加你拒绝的可信度。理由不必复杂，但需要真实，例如，“我最近工作比较忙，无法抽出时间”。这样的理由能够让对方理解你的立场，而不是感觉你在敷衍。

3. 注意语气和态度

点到为止拒绝时的语气和态度至关重要。保持友好和温和的语气，可以让对方感受到你的诚意。避免生硬的说法，可以使用一些积极的词汇，如“我非常感谢你考虑到我，但我这次真的无法参与”。这种表达方式让拒绝显得更为温和。

4. 给对方留余地

在点到为止拒绝的过程中，给对方留有余地也是一种有效的策略。你可以表示理解和尊重，如“我希望你能理解我的立场，真的很抱歉”。这种方式能让对方感受到你的真诚，同时不会让他们感到过于失望。

以退为进，才能守住拒绝的阵地

在交流过程中，当话题不利于我们或对方显得具有攻击性时，可以采取以退为进的策略进行拒绝。这一拒绝技巧的关键在于敏锐地洞察形势，做到心中有数，既要识别出有利的一面，也要意识到不利的因素，并理智地预见未来的发展趋势。这样一来，我们就能果断地决定是进还是退，掌握好二者的分寸，通过适当退让进行更好的交流，最终达到自己的目的。

春秋时期，楚国实力强大，楚王和群臣因国力强盛而变得极其傲慢，根本不将其他弱小国家放在眼里。一次，齐国的晏子出使楚国，楚王对群臣说道：“晏子身材矮小，名声却很大，这次一定要戏弄他一番。”于是，楚王在大门旁特意开了一个小门，让晏子从小门进入。

晏子一眼看穿楚王的用意，拒绝从小门进入，从容地说：

“我们齐国出使狗国才从狗门进入，现在我作为齐国使者，出使楚国，不应该从这样的小门进入。”楚王听后无言以对，只好让他从大门进入。

晏子拜见楚王，楚王傲慢地问：“难道齐国没人了吗？”晏子明白这是在讽刺自己，立刻回答：“我们齐国的人多得很，若每个人都张开袖子，就能遮天蔽日；若每个人洒下一滴汗水，就如同倾盆大雨。在我们齐国的大道上，人们肩并肩，脚尖碰着脚跟，怎么会说没有人呢？”

楚王接着问：“既然如此，为什么齐国要派你这样的人来呢？”晏子回答：“齐国派遣使臣有一个规矩，贤明的人会被派到贤明的君主那里；不贤明的人则被派到不贤明的君主那里，我晏婴不够贤明，所以最适合来楚国。”楚王听后，面红耳赤，只好尴尬地笑着应对。

双方正谈着，突然武士押着一个人来到楚王面前。楚王问：“这个人是做什么的？”武士回答：“他是齐国人，是个十恶不赦的惯盗。”楚王得意扬扬，看向晏子说：“齐国的人难道都擅长偷东西吗？”

晏子不慌不忙离开座位，回答道：“我曾听说，橘树生长在淮河以南就是橘树，生长在淮河以北则变成枳树。它们虽然叶子相似，结出的果实的味道却大不相同。这种变化是因为生长的水土不同。树是这样，人也是如此。在我们齐国，人人都不偷东西，到了楚国却学会了偷，这难道是楚国的水土让人变得善于偷盗吗？”

楚王听后无言以对，只好笑着说：“您果然不负盛名，善于言辞！看来我不能随便与圣人开玩笑，真是自讨没趣，希望您不要介意。”

晏子在面对楚王的故意侮辱时，巧妙地以退为进，严厉驳斥楚王，使其哑口无言。这种策略比直接反驳和强硬拒绝更为有力。

以退为进、以守为攻，实际上关注的是最终的进攻。这种“进”并不张扬，而是悄无声息地接近目标，让人防不胜防。在这种“退”之前，并不会显得委屈或匆忙，反而能保持淡定和从容，最终实现妥善收场。

一天，化妆品销售员张芳刚上班，就遇到一位顾客前来投诉。对方愤怒地走到她面前，质问道：“这款化妆品是我前几天从你们这里买的，你看看，我的脸都被弄成什么样了，这简直是毁容。”张芳仔细检查顾客手中的产品，确认是从她这里售出的，随即微笑着向顾客道歉，并表示会对此负责。

张芳发现这位女顾客的脸上出现很多红斑，便关切地对她说：“我们马上带您去医院检查一下，您放心，我们会对产品负责到底，其他的事等检查后再说，医药费我们会承担。”经过医生诊断，顾客脸上的红斑是由皮肤对该产品过敏引起的。

这时，张芳拿出该产品的使用说明给顾客看，说明书中明确指出这款产品不适合哪些肤质，而顾客的肤质正好属于不适合的范围。张芳一边请顾客查看说明书，一边说道：“对于您的情况，我们深感抱歉。经过医院检查，您脸上出现红斑的原因并非产品质量问题，而是这款产品不太适合您使用。不过我们这里有其他适合您的产品，您可以了解一下。”

顾客认识到问题所在，怒气也渐渐消散。张芳的耐心服务让她很满意，最终她转怒为喜，乐意听张芳介绍新产品，还愉快地接受了张芳推荐的新产品。

销售员张芳在处理顾客投诉时，表现得沉着冷静，没有直接拒绝顾客，也没有急于解释红斑的原因，避免了与顾客发生冲突。她巧妙地以退为进，陪同顾客找出问题的根源，平息了顾客的愤怒，将大事化小、小事化了。同时，她还成功推销出新产品，实现了维护顾客关系和宣传公司产品的双赢。

因此，与人交流时，要想正确运用以退为进的策略来拒绝对方，必须有耐心，否则可能会前功尽弃。此外，退让并不意味着毫无原则地妥协，需要把握一定的分寸。要是失去原则，退让到道德或法律的底线之外，那就得不偿失了。

先认同后拒绝，让对方的心理备受安慰

先认同后拒绝是一种在日常交流中常用的拒绝技巧。《红楼梦》中，林黛玉拜访邢夫人时，邢夫人“苦留吃过晚饭去”，但黛玉回应：“舅母爱惜赐饭，原不应辞，只是还要过去拜见二舅舅，恐领了赐去不恭，异日再领，未为不可。望舅母容谅。”邢夫人听后，不仅没有生气，反而由衷地觉得这个姑娘很懂事。

这给我们的启示是：当面处理让自己为难的请求时，可以先认同对方的意图，再引出自己拒绝的理由；或者先表示感谢，然后在此基础上进行拒绝，这样对方自然会更容易接受。

一位推销员前往一家公司推销自家的新产品。他首先找到相关的主管进行沟通。走进办公室时，他一边出示自己的相关证件，一边礼貌地说：“您好，先生！打扰您一小会儿，我想和您聊聊工作上的一些事情。”

这位主管看了对方一眼，立刻明白他是来推销产品的，于是显得很不耐烦，说道：“谢谢你，我们需要的东西都会去相关商店购买。”推销员察觉到对方在拒绝自己，立刻接话：“没错，您确实可以去商店买，但这款新产品在商店里是找不到的，商店里的人员也不了解它的性能。我这次来就是希望能当面向您介绍一

下，您可以先试用，如果它真的能提高您的工作效率，我们就可以考虑大规模生产。同时，欢迎您在试用后给予我们宝贵的反馈。”说着，推销员迅速递上产品说明书。

主管听着听着，心里开始有些动摇，转头快速看了一眼，满腹狐疑地说道：“王婆卖瓜，自卖自夸，你们宣传时当然会说自己的产品多么好，但未必如此。”

推销员见主管依然拒绝，赶紧解释：“您说得很对，现在很多厂家在广告中确实夸大产品的效果或发布虚假信息，最终导致客户失去信任。我这次来，我们领导也特别嘱咐，向客户介绍产品时一定要实事求是，绝不能夸大或说谎。我们一旦失信，以后公司的声誉就会受到影响，这对我们来说百害而无一利。”

推销员认真负责的态度最终打动了这位主管。

在上述推销员与主管的谈话中，推销员对主管的每一句话都给予积极的肯定，使对方感到备受尊重，心理上备受安慰。这样的方式让后续的游说变得顺利许多，为他介绍自己的产品赢得了机会。这种“先认同后拒绝”的方法，更容易让人接受。

张华的父亲要去山东曲阜出差，那里可是孔子的故乡，张华想借父亲出差之机去圣人的故乡游玩一番。于是，他向班主任请假。班主任听完他的理由后，没有直接拒绝，而是微笑着说：“旅游是个好主意，人们常说‘读万卷书不如行万里路’，出门旅游能开阔视野，增长见识，这确实是个不错的想法！”听老师称赞自己的想法，张华兴奋地说：“这么说，您同意我请假了？”老师叹了口气，说：“好是好，你这一去一回要耽误好几天的时间，会影响到你的学业。”老师沉默片刻，又说：“张华，你的想法很棒，但这个时候请假去旅游，我觉得不是很合适，你怎么看？”听了老师的话，张华明白了老师拒绝了他的请假，但并没有感到失望，因为老师至少赞赏了他的想法。

小明的父亲要装修新房，原本打算把他的房间粉刷成天蓝色，小明不希望自己的房间是天蓝色，于是他对父亲说：“爸爸，天蓝色的确是一种好颜色，让人一下子想到天空，我也挺喜欢。不过，我以前看电视时，听到一位著名科学家说，人不宜长期生活在单一、压抑的环境中，这对心理健康会有影响，您把我的房间粉刷成单一的天蓝色，会影响到我的心理健康吗？”父亲听后，立刻放弃原来的想法，不把房间粉刷成天蓝色了。

小李的表姐要出国留学，全家都计划好为她送行。就在这时，小李接到了同学的邀请，约她今晚一起去看某位歌星的演唱会。同学的好意让小李很感激，但她实在无法前往，于是对同学说：“该歌星的演唱会我也非常喜欢，真的很感谢你的邀请，不过很遗憾，我表姐要出国留学，今天我们全家为她送行，这次只能错过了，真是可惜。”听到小李有重要事情，同学表示理解，回应道：“没关系，你表姐出国后可能很久才能见到，我可以约其他朋友去，回头我现场拍视频传给你，弥补你的遗憾！”

我们可以看到，这种先肯定后拒绝的方式有其独特的句式结构。比如，“你的看法很有道理，不过……”“我也这么认为，只是……”“你的想法很不错，但……”等。当我们听到类似的话语时，就应该心理上做好准备，意识到可能会被拒绝，这样在被拒绝时就不会感到意外或不知所措。如果我们主动拒绝别人，也可以采用这样的句式，给对方一个心理准备的机会，让他们更容易接受这一现实。